Tao für Eltern

Zum Buch

Die Aufgabe, gesunde Kinder heranzuziehen, die dem Leben gewachsen sind, ist für Eltern heute schwerer denn je. Dieses anregende Buch der Erziehungswissenschaftlerin Greta Nagel bringt moderne Familien auf den Weg des Tao und zeigt, wie sich dessen zeitlose Weisheit in jeder Entwicklungsphase unserer Kinder nutzbar machen läßt. Der Taoismus regte zwei Jahrtausende lang mit seiner sanften Führung zur richtigen Lebensweise an. Auch für das nächste Jahrhundert stellt er eine solide Grundlage der Erziehung dar.
Tao für Eltern umfaßt 81 kurze Kapitel – eines für jedes Prinzip des Taoismus. Kleine Geschichten aus dem Alltag von vier sehr verschiedenen Familien veranschaulichen den praktischen Gehalt der alten Weisheiten. Greta Nagels Buch ist eine perfekte Mischung aus großen Ideen und brauchbaren Ratschlägen. Es eröffnet den Zugang zu einer flexiblen Erziehung, ist auf ganz individuelle Bedürfnisse zugeschnitten und lehrt uns so manches über unsere Kinder – und über uns selbst.

Zur Autorin

Greta Nagel ist promovierte Erziehungswissenschaftlerin. Sie hat fünfzehn Jahre lang an der Grundschule und der High-School unterrichtet und acht Jahre lang eine Grundschule geleitet. Heute ist sie Dozentin an der California State Polytechnic University. Zudem studierte sie am Claremont College Östliche Religion. Greta Nagel lebt mit ihrer Familie in Fullerton/Kalifornien.

Greta Nagel

TAO
für Eltern

Alte Weisheit
für moderne
Kindererziehung

Aus dem Amerikanischen
von Gertrud Bauer

Econ & List Taschenbuch Verlag

Diese Ausgabe entstand durch Vermittlung von Jürgen P. Lipp und Jürgen Mellmann.

Econ & List Taschenbuch Verlag 1999
Der Econ & List Taschenbuch Verlag ist ein Unternehmen der Verlagshaus Goethestraße
GmbH & Co. KG, München
Deutsche Erstausgabe
© 1999 der deutschen Ausgabe by Verlagshaus Goethestraße GmbH & Co. KG, München
© 1998 by Greta Nagel
Titel des amerikanischen Originals: The Tao of Parenting
(Dutton Plume, a division of Penguin Putnam Inc.)
Aus dem Amerikanischen übersetzt von Gertrud Bauer
Umschlagkonzept und -gestaltung: HildenDesign, München – Stefan Hilden
Titelabbildung: HildenDesign
Gesetzt aus der Minion, Linotype
Satz: Josefine Urban – KompetenzCenter, Düsseldorf
Druck- und Bindearbeiten: Ebner Ulm
Printed in Germany
ISBN 3-612-18010-X

Für meine ganze Familie.
Ich werde euch immer dankbar sein
für eure Liebe,
eure Unterstützung
und dafür, daß ihr mich viel gelehrt habt.

Inhalt

Einführung

Als Sie dieses Buch zur Hand nahmen, wollten Sie wahrscheinlich wissen, ob es Ihnen, Ihren Freunden oder Verwandten helfen könnte, bessere Eltern zu werden. Aus meinen Gesprächen mit zahlreichen Eltern weiß ich, daß sie alle sich viele Gedanken machen, wie sie ihre Kinder in so schwierigen Zeiten anleiten sollen. Jede Woche lesen wir bestürzende Dinge über die Kinder anderer Leute in unserer Gegend. Wir möchten alle wissen, welchen Einflüssen unsere eigene Nachkommenschaft ausgesetzt sein wird.

Manchmal, wenn wir schon glauben, unsere Familie habe das Schlimmste bei der Kindererziehung überstanden, kann es passieren, daß unsere Kinder Charakterzüge zeigen, mit denen wir nicht gerechnet hatten. Das macht uns bewußt, daß man auf der Reise durchs Leben auch Kurven und Kehren nehmen muß. Und uns wird klar, daß unsere Kinder tatsächlich für den Rest unseres Lebens unsere Kinder bleiben, und wir ihre Eltern für den Rest des ihrigen. Die meisten von uns haben gewußt, daß es nicht leicht sein würde. Aber wir haben doch gehofft, es würde nicht ganz so schwierig.

Zukunftswissenschaftler sagen uns voraus, daß es in der Zukunft immer mehr und immer schnellere Veränderungen geben wird. Fortschritte der Technik, die früher Tausende, dann Hunderte von Jahren brauchten, kommen nun innerhalb weniger Jahre zustande. Auch Mißverständnisse zwischen den Generationen entstehen heute schneller. Eltern waren schon immer überrascht, daß innerhalb von zehn Jahren wieder eine neue Kluft zwischen den Generationen aufreißen kann. Jetzt geht das noch schneller. Ein Word wie *Drogen* kann alle paar Jahre eine neue Bedeutung annehmen. Mütter und Väter müssen versuchen, sich in einem Labyrinth von neuen Moden in bezug auf Kleidung, Musik, Sexualität und Drogen zurechtzufinden.

Heute wird die Kluft vertieft durch eine Umwelt, in der Massenschlächtereien im Film populär sind und die Namen von Rockbands wie Drogenwerbung oder wie Morddrohungen klingen. Da fühlen sich Eltern oft rat- und hilflos. Sie machen sich Sorgen, wenn die Kinder rauchen oder Alkohol trinken, obwohl sie das alles als Jugendliche selbst gemacht haben. Sie fühlen sich verraten, wenn Handlungen oder Sitten, die sie streng ablehnen, ihren Kindern anziehend erscheinen.

Wenn Väter und Mütter als Eltern erfolgreich sein wollen, müssen sie geduldig sein und gewisse Strategien beherrschen. Mehr denn je brauchen sie eine Vielzahl von Fähigkeiten, um eine lebendige Beziehung zu ihren Kindern herzustellen und zu erhalten. Die positive Reaktion der Leser auf mein voriges Buch, *The Tao of Teaching*, hat mir gezeigt, daß die Menschen nicht nur daran interessiert sind, die nötigen Techniken zu lernen, sondern auch an einer soliden philosophischen Grundlage für ihr Handeln.

Ich hoffe, daß dieses Buch Ihnen bei Ihren eigenen Überlegungen hilfreich sein wird. Es wird Ihnen vielleicht so vorkommen, als sei *Tao für Eltern* ein vertrauter Freund. Seine Gedanken sind über zweitausend Jahre alt, seine Ansichten sind also nicht neu, aber es kann Sie vielleicht in Ihren langgehegten Überzeugungen wieder bestärken. Es wird Sie daran erinnern, daß die Kraft aus der Ruhe kommt, und daß es wichtig ist, Ihren Kindern und den kleinen Dingen des Lebens Aufmerksamkeit zu schenken. Es wird Ihnen Gelegenheit geben, darüber nachzudenken, wie wichtig das Zuhören ist und wieviel Freude aus einem liebevollen Umgang miteinander erwächst. Es wird Sie in dem Glauben bestärken, daß Rückhalt und Vertrauen die Entwicklung fördern.

Dieses Buch soll es dem Leser leicht machen. Man muß es nicht konsequent von A bis Z durchlesen. Vielleicht lesen Sie an einem Abend einmal ein paar Kapitel mittendrin und am nächsten ein paar andere. Ich höre oft, daß diese leichte Lesbarkeit das Buch zur idealen Bettlektüre macht. Und es ist eigentlich nicht nur für Erwachsene gedacht; auch Teenager finden hier viel Lesenswertes und Stoff für Diskussionen. (Aber ich plädiere nicht dafür, daß die Eltern es zur Pflichtlektüre für die Kinder machen. Das ist nicht der Sinn der Sache.)

Die Geschichten, die Sie hier lesen, handeln von vier echten Familien. (Die Namen wurden geändert, um ihre Privatsphäre zu schützen.) Das Buch handelt davon, wie vier Elternpaare ihren Kindern beim Erwachsenwerden geholfen haben – jetzt sind alle über zwanzig – und wie Eltern und Kinder miteinander umgegangen sind. Hier wird nicht die Erziehung perfekter Kinder geschildert; viele von ihnen haben nämlich im Lauf ihrer Entwicklung mit dem Glauben, mit dem Benehmen und mit ihrer Selbstfindung Schwierigkeiten gehabt, und sie haben sich mit den Versuchungen von Drogen und Sex herumgeschlagen, die in unserer heutigen Gesellschaft allgegenwärtig sind. Wir haben es in diesen Geschichten aber auch nicht mit perfekten Eltern zu tun; diese Eltern wissen genau, daß sie im Lauf der Jahre eine Menge Fehler gemacht haben. Trotz allem aber haben diese Eltern ihre Kinder beim Erwachsenwerden angeleitet und ihnen geholfen, tüchtig, verantwortungsbewußt und stark zu werden.

The Tao of Teaching hatte 81 Kapitel, weil die Botschaft des alten *Tao-te-king* in 81 Kapiteln dargeboten wird. Ich habe für dieses Buch dasselbe Format gewählt. Viele Leser haben mir mitgeteilt, wie sehr sie *The Tao of Teaching* schätzen, und nicht wenige haben hinzugefügt: »Warum schreiben Sie nicht auch ein Buch für Eltern?« Als ich *The Tao of Teaching* schrieb, hatte ich die Eltern im Auge; es war nicht nur für Lehrer gedacht. Vom Konzept her sind die beiden Bücher also recht ähnlich, aber alle hier erzählten Geschichten spielen sich im Bereich der Familie ab.

Sie werden sehen, daß die in diesem Buch beschriebenen Eltern nicht ständig mit dem »Erziehen« ihrer Kinder beschäftigt sind, die Kinder aber auch nicht nur »aufwachsen«. Ein großer Teil der Erziehung geht so nebenbei vonstatten, in den Wechselbeziehungen zwischen Eltern und Kindern. Auch wenn Sie noch kein anderes Buch über das Tao gelesen haben, werden Ihnen die Gedanken vielleicht vertraut vorkommen. Sie werden hier Erziehungsgrundsätze finden (wie Geduld, Ehrlichkeit, vorbildliches Verhalten und Einfachheit), die seit jeher in vielen Kulturen der Welt Geltung haben. Sie werden auch auf einige gute Ratschläge für Eltern stoßen, die schon allgemein bekannt sind. Erziehungsliteratur gibt es mehr als genug. Von Ann Landers oder Dear Abby bis zu Robert Wallace – guter Rat ist vorhanden und leicht zugänglich. Wir alle möchten ja unseren Kindern helfen, glückliche und verantwortungsbewußte Erwachsene zu werden.

Das Tao jedoch ist einzigartig wegen der Art, wie es die Ratschläge verbindet. Bücher wie *Das Tao der Physik* oder *The Tao of Pooh* haben der westlichen Welt gezeigt, wie Interpretationen des Tao uns helfen können, richtig zu leben. Als allererstes lernen wir vom Tao, daß es keine allgemeingültigen Regeln gibt. Ich habe einmal miterlebt, wie eine befreundete Mutter mit ihrer elfjährigen Tochter sprach, als die zu einer Party ging, wo alle übernachten durften. Es war die reinste Inquisition: »Hast du deinen Schlafanzug? Hast du dein Kissen? Hast du deinen Schlafsack? Hast du deinen Kamm? Hast du deine Zahnbürste? Hast du das Geschenk? Hast du die Unterwäsche?...« Ich lauschte mit wachsendem Unbehagen und fühlte mich schuldig, weil ich so eine unzulängliche Mutter war. Meine einzige Frage war normalerweise: »Hast du alles?« Meine Kinder sagten ja, und weg waren sie. Später habe ich eingesehen, daß es nicht zu meiner Verantwortung als Mutter gehörte, für meine Kinder zu denken. Die Rolle des Inquisitors liegt mir nicht, aber meinen Sohn frage ich doch immer, ob er seine Zahnbürste dabei hat – mehr so pro forma. Vielleicht freut er sich, daß ich mich um ihn kümmere.

Sie werden wahrscheinlich merken, daß es in diesem Buch vor allem um Philosophie geht. Das Buch will den Eltern helfen, die Weisheit des Tao anzuwenden. So alt seine Gedanken auch sind, sie passen gut zur Gegenwart, wo wir unsere Kinder und unsere Familien hochschätzen und das Leben unaufgeregt auf uns zukommen lassen.

Die taoistische Philosophie betont die Wichtigkeit eines Vorbilds, deshalb zeigt Ihnen dieses Buch, wie einige Eltern taoistisches Gedankengut im täglichen Leben verwirklichen. Sie werden in diesem Buch nur wahre Geschichten lesen; sie handeln von Leuten, die ich kenne, und von Ereignissen, die in den vier Familien im Lauf der Zeit vorgekommen sind. Nur die Namen sind geändert. Unsere Bekanntschaft reicht weit zurück – fünf, zehn, in einem Fall über zwanzig Jahre. Aber erst in den letzten Jahren habe ich sie alle wirklich gut kennengelernt. Alle vier Familien haben in längeren Zeiträumen gedacht und wollten beobachten, was geschieht, wenn ihre Kinder langsam erwachsen werden.

Die Familien sind alle unterschiedlich zusammengesetzt, aber sie sind durchaus nicht völlig verschieden. Das wäre zu verwirrend. Alle vier Familien gehören der Mittelschicht an. Sie haben nicht die Probleme, die noch dazukommen, wenn Eltern nicht genug Geld haben . . . oder zuviel. Keine der Mütter ist Nur-Hausfrau, obwohl noch viele Frauen in unserer Gesellschaft diese Rolle wählen. In allen Familien arbeiten die Eltern, und alle Familien haben miterlebt, daß in den letzten fünf Jahren ein Elternteil die

Stellung gewechselt hat. In allen Familien hat mindestens ein Elternteil einen College-Abschluß, manche haben auch höhere Abschlüsse.

Andererseits repräsentieren diese Familien verschiedene ethnische Gruppen. Drei von den Eltern sind zweisprachig. Anzahl, Alter und verwandtschaftliche Verhältnisse der Kinder sind in den einzelnen Familien verschieden. Und wie alle unsere Mitmenschen hat jedes Familienmitglied Eigenarten, die es einmalig machen.

John und Dot Singleton leben seit dreizehn Jahren zusammen. Beide waren vorher schon mit anderen Partnern verheiratet. Sie sind Eltern in einer »Patchwork-Familie«: da sind seine Kinder und ihre Kinder, alles in allem drei Mädchen und zwei Jungen. Gemeinsame Kinder haben sie nicht. Die Kinder sind heute zwischen 20 und 30 und stehen vor dem Studienabschluß oder arbeiten bereits.

Kate und Carl Flanagan bringen zwei verschiedene soziale Einstellungen in die Ehe mit. Kate ist in einer Familie aufgewachsen, die ständig in Kontakt mit der ganzen Verwandtschaft war. Carl dagegen wuchs zusammen mit seinem Zwillingsbruder als Adoptivkind auf und hat von Zusammengehörigkeit eine ganz andere Vorstellung. Sie haben zwei Kinder. Ihre Tochter ist Mitte zwanzig und selbständig, ihr Sohn ist gerade aufs College gekommen.

Mapita Sanchez ist alleinerziehend. Ihre Ehe war schon nach wenigen Jahren zu Ende, und sie hat nicht wieder geheiratet. Sie hat ihre Zwillingssöhne allein aufgezogen; von ihrem Exmann bekam sie kaum Unterstützung. Sie stammt aus Mexiko und wurde stark durch ihre Familie und Erziehung geprägt. Sie hat sich in mancher Situation durchlaviert, wo kulturelle Unterschiede vorsichtig ausbalanciert werden mußten. Ihre Söhne sind jetzt im ersten College-Jahr.

Lew und Margaret Williams sind seit dreißig Jahren verheiratet, haben aber erst nach zehn Jahren Ehe ihr erstes Kind bekommen. Beide sind im Mittelwesten aufgewachsen; ihre Familien gehörten derselben Kirche an und hatten in vielen Dingen gleiche Anschauungen. Sie haben erfahren, daß noch andere Dinge, zum Beispiel Geschlecht und persönliche Eigenart, die Einstellung zur Erziehung der Kinder beeinflussen. In Lews Familie gab es nur Söhne, in Margarets Familie nur Töchter. Sie leben jetzt seit vierundzwanzig Jahren in ihrer kleinen Stadt im Westen. Ihre Tochter ist einundzwanzig, ihr Sohn ist noch in der High School.

Das Tao (»der Weg«) vermittelt nicht nur kluge Standpunkte und richtiges Verhalten, sondern es erklärt auch, warum einige übliche Verhaltensweisen nicht besonders gut sind. Im Lauf der Jahre habe ich mit vielen Müttern und Vätern in sehr unterschiedlichen Umgebungen zusammengearbeitet und dabei Verhaltensweisen den Kindern gegenüber kennengelernt, die ungeeignet, ja schädlich waren. Manche Dinge sind völlig unannehmbar, wenn wir wollen, daß die Kinder etwas lernen und zu zufriedenen Menschen heranwachsen.

Eltern, die ihre Kinder anschreien und Dinge sagen wie: »Hätte ich dich bloß nicht gekriegt!«, müssen ihre Haltung ändern. Ich bemühe mich sehr, Eltern davon abzubringen, ihre Liebe als Belohnung zu vergeben oder zur Strafe zu entziehen, nach dem Motto: »Wenn du schwanger wirst, setzt du deinen Fuß nicht mehr in unser Haus!« Ich wünschte, Eltern würden keine leeren Drohungen ausstoßen: »Wenn du um zwölf nicht daheim bist, kriegst du einen Monat Hausarrest.« Ich wünschte, Eltern würden sich die Wirkung solcher beiläufiger Bemerkungen klarmachen wie: »Du wirst ganz schön rundlich.« Mir liegt daran, daß Eltern ihre Aufgabe gut erledigen, damit die Kinder als Erwachsene es mit einer turbulenten Zeit aufnehmen können. Ich hoffe, daß Eltern voll erkennen, wie stark ihr eigenes Verhalten den Kindern als Vorbild dient. Ich wäre dankbar, wenn Eltern zugäben, daß man alle Kinder, trotz ihrer Ähnlichkeiten, verschieden behandeln kann, daß aber niemals eines offen vorgezogen werden darf.

Die beste Erziehung sieht vielleicht gar nicht nach Erziehung aus, sondern geht ganz mühelos und fast automatisch vonstatten.

Man fragt mich manchmal, ob der Taoismus mit anderen Religionen wie dem Christentum in Widerstreit liegt. Ich antworte normalerweise mit einer Beschreibung der zwei Wege des Tao. Im Lauf der Jahrhunderte hat der Taoismus als *Religion* einigen Dingen Vorschub geleistet, die sich nicht mit den Lehren anderer Konfessionen vertragen. Die meisten Religionen halten zum Beispiel nichts von Wahrsagerei. Andererseits scheinen die Prinzipien des alten Taoismus als *Philosophie* mit denen vieler anderer Philosophien übereinzustimmen. Im *Tao-te-king* sind die Wurzeln des Taoismus ganz rein, unbefleckt durch die seither vergangenen Jahrhunderte mit ihren religiösen Streitigkeiten, ihren neuen Ritualen oder ihrem Mystizismus.

Die Lehren, die ich in jedem der 81 Kapitel dieses Buches vorstelle, sind eine Auswahl. Im *Tao-te-king* enthält jedes Kapitel vielerlei Gedanken, und manche davon werden im nächsten Kapitel wieder aufgegriffen. Der Gedanke der Einfachheit wird zum Beispiel in mindestens 20 Kapiteln betont. Um die jeweilige Botschaft besonders hervorzuheben und um mich nicht zu oft zu wiederholen, konzentriere ich mich in jedem Kapitel auf ein paar Gedanken. Am Anfang des Buchs werden Sie viele Grundsätze finden, die schon in *The Tao of Teaching* auftauchen, denn ich bin der Überzeugung, daß guter Unterricht und gute Erziehung viel gemeinsam haben.

Ich halte es auch für wichtig, daß Sie nicht unbedingt versuchen, das Tao sofort zu verstehen; es ist besser, wenn das Verständnis nach und nach von selbst kommt. Natürlich gibt es eine ganze Menge Literatur, die Ihnen beim Einstieg oder der Vertiefung helfen kann, beispielsweise *Der wunderbare Weg* von M. Scott Peck.

Oft wird uns bewußt, daß wir zwar theoretisch viel über Erziehung wissen, daß es aber schwierig ist, dieses Wissen anzuwenden und konsequent umzusetzen. Für Ehepaare ist es manchmal nicht leicht, sich über Erziehung zu einigen, wenn sie unterschiedliche Erinnerungen an Kindheitsmuster mitbringen. Wenn Sie die Geschichten in diesem Buch lesen, werden Sie hoffentlich erkennen, daß kluge Erziehung selten perfekt ist und immer schwierig, und daß man an die Sache mit Humor und Zuversicht herangehen muß. Denken Sie daran, daß die beste Erziehung manchmal eine »Nichterziehung« ist. Ich hoffe, daß die Geschichten über Dot und John, Carl und Kate, Mapita und Lew und Margaret gute Beispiele liefern.

- Dot und John Singleton: ihre Tochter Natalie, ihr Sohn Joe; seine Töchter Polly und Irma, sein Sohn Ralph
- Carl und Kate Flanagan: Tochter Holly, Sohn Corey
- Mapita Sanchez: die Söhne Jacob und Samuel
- Lew und Margaret Williams: Tochter Cynthia, Sohn Patrick

Ein einzelnes Buch kann nicht die Bedürfnisse aller Eltern befriedigen. Die Geschichten in diesem Buch handeln meist von typischen Begebenheiten in Mittelschichtfamilien. Vielleicht trifft das Ihre momentane Lebenssituation nicht voll, doch Sie sollten ohnehin auch noch andere Quellen hinzuziehen, um ihren ganz eigenen Erziehungsstil zu entwickeln. Lesen Sie andere Erziehungsbücher, sprechen Sie mit anderen Eltern. Schulen, Gesundheitsämter und kirchliche Einrichtungen bieten Kurse für Erziehende an. Sie können auch viel lernen, wenn Sie anderen aufmerksam zuhören oder zusehen. Und Sie können lernen, indem Sie überlegen, was Sie gut gemacht haben und was Sie besser machen möchten. Machen Sie sich bewußt, was für ein Glück es ist, Kinder zu haben.

Schreiben Sie mir ruhig, wenn Sie Ideen oder Fragen haben. Viel Glück auf Ihrem Weg! Zum Abschluß wünsche ich Ihnen: Freuen Sie sich an Ihren Kindern. Entspannen Sie sich.

Greta K. Nagel

1. Kapitel

Der Weg hat keinen Namen; der Name ist nicht der Weg

Kluge Eltern erziehen ihre Kinder nicht nach dem Buch eines anderen. Mütter und Väter geben viel auf, wenn sie ihren Erziehungsstil mit einem Etikett versehen und sich nach anderer Leute Vorschriften richten. Im Tao haben sie statt dessen die Auswahl und können sich auf Ideen stützen, die auf die Bedürfnisse, Werte, Interessen und Eigenheiten der Kinder und auch der Eltern selbst eingehen. Im Tao ist es wichtig, die Individualität zu erhalten. Namen schränken ein, denn mit diesen Namen sind die Definitionen anderer Leute verbunden.

Für Eltern kann es ziemlich entnervend sein, wenn sie sich die Ratschläge von Freunden, Großeltern und anderen Verwandten anhören müssen. Wenn das Baby noch neu ist, empfiehlt einem jeder das beste Buch oder das beste Programm für alles und jedes, von der Entbindung selbst über das Windelwechseln und Füttern bis hin zum Schlafen. Wenn die Entscheidung für die Kindergarten- oder Schuleinschreibung fällig ist, heißt es Dutzende von Erziehungsbüchern in den Buchläden durchzuschmökern. Wenn die Kinder anfangen, sich wie Kinder zu benehmen, und die Teenager anfangen, sich wie Teenager zu benehmen, werden die Eltern häufig auf eine Unmenge von Erziehungshilfen, Artikeln und Büchern hingewiesen.

Machen Sie sich die Ideale klar, die zu Ihrer eigenen wohlüberlegten Philosophie gehören. Hier werden Sie die Grundlagen finden für die vielen Entscheidungen, die in einer Familie getroffen werden müssen.

Lew und Margaret sind zwar über einzelne Aspekte der Kindererziehung verschiedener Meinung, aber über die grundsätzlichen Werte, die sie ihren Kindern vermitteln wollten, waren sie sich immer einig. Lew konnte sich nie für formelle Auszeiten erwärmen, aber er und Margaret waren sich immer einig darüber, daß man am besten abwartete, bis die Kinder sich beruhigt hatten, bevor man Probleme diskutierte. Nach Margarets Meinung sollte es für Kinder beim Fernsehen zeitliche Grenzen geben, aber sie stimmt ihrem Mann zu, wenn er meint, daß die Kinder lernen müssen, ihre Zeit und ihr Leben selbst zu organisieren. Lew glaubt an Richtlinien, aber nicht an Regeln. Margaret hält Regeln für gut, vorausgesetzt, man hat sie gemeinsam aufgestellt. Beide Eltern sind überzeugt, daß Kinder mit Ermutigung, nicht mit Kritik aufwachsen sollen, und sie geben sich große Mühe, das zu verwirklichen.

In ihrer Familie übernehmen die Kinder in vielen Dingen die Verantwortung. Ihre Kinder, Cynthia und Patrick, durften in jedem Alter verschiedene Angelegenheiten selbst entscheiden. Das ist nicht immer einfach für die Kinder, aber sie wissen, daß sie von ihren Eltern jederzeit Hilfe bekommen.

Als kleine Kinder durften Cynthia und Patrick ein Motto für ihre Geburtstagsparty wählen, entscheiden, wer zur Feier kommen sollte, und die Einladungskarten zeichnen. Margaret und Lew haben sich eingemischt, wenn etwas übersehen wurde, wenn zum Beispiel ein guter Freund nicht auf der Gästeliste war, aber ihre Kommentare haben meist Frageform (Gibt es einen Grund dafür, daß James nicht auf der Liste steht? Willst du wirklich mit einem blauen und einem schwarzen Strumpf gehen? Trägt man einen Schlafanzug nicht besser im Haus?). Der Kommentar stellt nie den Charakter oder die Intelligenz eines Kindes in Frage.

Margaret und Lew sind sich bewußt, daß sie ihre Kinder nicht allein erzogen haben. Im Lauf der Jahre haben sie erkannt, daß die

24

Verwandten der Kinder, ihre Lehrer, ihre Babysitter, die Eltern ihrer Freunde, ihre Gruppenleiter und Trainer allesamt Einfluß ausgeübt haben. Sie sind dankbar, daß ihre Kinder so viele gute Menschen kennengelernt haben, während sie heranwuchsen. Jetzt, wo Cynthia und Patrick erwachsen werden, wird offenbar, welche Werte sie verinnerlicht haben. Sie haben Selbstvertrauen, und sie wissen, daß man sich von den anderen unterscheiden darf und nicht immer mit dem Strom schwimmen muß. Beide respektieren Verschiedenartigkeit bei anderen und sind für neue Erfahrungen offen.

Mit solchen Idealen zu leben ist für Lew und Margaret nicht immer einfach. Es stört sie, wenn ihre Kinder mit auffallenden Frisuren aufkreuzen, wenn sie eigenartige Kombinationen von abgetragenen Kleidungsstücken aus Ramschläden tragen oder zu merkwürdigen Veranstaltungen gehen. Aber die Kinder haben die wichtigen Werte akzeptiert, die Lew und Margaret ihnen vermitteln wollten. Cynthia und Patrick sind sehr verschieden, was Lebensstil und Interessen betrifft, aber beide zeigen Initiative und Durchhaltevermögen. Ihre Pflichten anderen gegenüber erfüllen sie gewissenhaft, und wenn sie arbeiten, ob an einem besonderen Projekt oder in einem bezahlten Job, dann wird die Arbeit auch gemacht, und zwar gut.

Beide Kinder haben gut lesen, sprechen und schreiben gelernt. Die Lehrer machen ihnen jedes Jahr Komplimente: »Cynthia ist in den Naturwissenschaften großartig« oder »Ich hatte noch nie einen Schüler, der so gute Gedichte schrieb wie Patrick.« Die Kinder lesen gern und legen ihr Taschengeld zum guten Teil in Büchern an. Sie sind beide künstlerisch veranlagt; ihre Gemälde und Zeichnungen schmücken zu Hause die Wände, und Lew und Margaret haben Werke ihrer Kinder neben dem Schreibtisch an ihrem Arbeitsplatz hängen.

Beide Kinder engagieren sich in ihrer Gemeinde; zum Beispiel bei der Betreuung von Obdachlosen. Cynthia hat schon viele Stunden im örtlichen Krankenhaus verbracht, wo sie in der Notaufnahme und mit gehirnverletzten Patienten arbeitet. Manchmal hilft sie auch im Altersheim aus.

Folgen Sie nie einer starren Methode.
Viele Dinge lernt man unbewußt.

2. Kapitel

Schweigen ist eine Tugend

Wenn Eltern zuviel an ihre Kinder hinreden, hat das oft zur Folge, daß die Kinder nicht mehr zuhören oder ständig widersprechen. Wenn in einer Familie einmal vereinbart worden ist, daß etwas auf eine bestimmte Weise, die sich auf gemeinsame Werte gründet, getan werden muß, dann sollten kluge Eltern auch darauf vertrauen. Im Tao erinnern die Eltern ihre Kinder nicht andauernd an etwas, und sie reiten auch nicht auf Fehlern in der Vergangenheit herum. Wenn die Vereinbarungen nicht eingehalten werden, dann sind die natürlichen Konsequenzen Teil des Wegs. Was man über die Leistungen der Kinder denkt, sollte man am besten durch kurze und präzise Kommentare ausdrücken; auch sollten die Kinder dazu ermuntert werden, über sich selbst nachzudenken.

Es ist nicht leicht, ruhig zu bleiben; vermeiden Sie trotzdem strengen Tadel und wiederholte Strafpredigten. Sprechen Sie einmal, und erwarten Sie, daß man auf Sie hört.

Schon nach kurzer Ehe geschieden, hat Mapita ihre Zwillingssöhne allein aufgezogen, seit sie sechs Monate alt waren. Sie ist Lehrerin und hat in ihrem Berufsleben schon mit Hunderten von Schülern zu tun gehabt. Diese Erfahrungen kommen ihr in der Mutterrolle jeden Tag zugute. Sie weiß, daß sie nicht zuviel reden darf, denn wenn die Kinder das Gefühl haben, daß an ihnen herumgenörgelt wird, hören sie nicht mehr zu. Aus ihrer Arbeit mit den Schülern weiß sie: Wenn sie etwas ändern möchte, muß sie ein zentrales Anliegen auswählen und darüber sprechen. Es hat keinen Sinn, mehrere Probleme auf einmal zu behandeln.

Zu Hause weiß Mapita, daß die beste Zeit zum Reden ist, wenn eine Situation gerade aktuell ist – oder zumindest jedem noch ganz gegenwärtig – oder wenn die Söhne sie um ihre Meinung fragen. Ihr Schweigen zeigt immer an, daß sie nachdenkt, und manchmal ist es auch ein Signal, daß sie sich ärgert. Zeiten des Schweigens machen es ihr möglich, die Dinge wirklich aus verschiedenen Blickwinkeln zu betrachten.

Als Teenager besuchten die Jungen ständig Veranstaltungen ihrer High-School. Eines Samstags wollte Mapita Jacob nicht mit seinen Freunden ausgehen lassen, weil er schon mehrere Abende hintereinander fort gewesen war. Da schrie er sie wütend an: »Du hörst mir nie zu! Du erlaubst mir überhaupt nichts!« Als sein Wutausbruch zu Ende war, wandte sie sich ab, ging schweigend in die Garage und machte sich daran, die Wäsche zu sortieren und zu waschen.

Jacob brauchte mehrere Stunden, aber er kam doch noch am selben Abend zu ihr und wollte reden. Er gab gleich zu, daß er sie angeschrien hatte, aber er entschuldigte sich nicht.

Mapita antwortete ruhig: »In unserem Haus schreie ich dich nicht an, aber auch du darfst mich nicht anschreien, denn ich bin deine Mutter. So haben wir es in unserer Familie immer gehalten. Ich habe meine Mutter nicht angeschrien und sie mich auch nicht. Dies ist unser Heim. Hier sollten wir uns wohl fühlen.« Damit war die Sache erledigt.

Einige Monate später blieb Jacob einmal einen Tag zu Hause, weil er Bronchitis hatte. Er versäumte dabei nicht nur einen Schultag, sondern auch einen Auswärtskampf seines Ringerteams. Sein Freund Willy kam zu ihm und brüllte ihn an: »Was glaubst du eigentlich? Du läßt deine Mannschaft im Stich! Du kannst nicht einfach daheim bleiben!« Jacobs Antwort war knapp: »Hör zu schreien auf. In diesem Haus wird nicht geschrien. Ich habe beschlossen, zu Hause zu bleiben, um mich auszukurieren. Und dabei bleibt es.«

Gute Erziehung kommt oft mit wenigen Worten aus.

3. Kapitel

Reichtum führt zu Konkurrenzverhalten

Wo Geld regiert, ist alles ein Wettkampf. Unsere Kinder leben in einer Gesellschaft, in der Gewinnen alles ist. An den Stoßstangen unserer Autos verkünden Aufkleber, daß unser Kind zum Klassensprecher gewählt wurde. Manche behandeln den Materialismus mit Humor: »Wer beim Tod die meisten Spielsachen hat, gewinnt.« Oder: »Ich wünschte, ich wäre Barbie. Dieses Miststück hat alles.« Fernsehwerbung und Illustrierte predigen, wie wichtig es ist, irgend etwas früher zu haben als die Nachbarn. Dieser Art von Wettbewerb können die Kinder sich ebensowenig entziehen wie Erwachsene.

Es gibt Gegenden, wo die Eltern sportlichen Ehrgeiz fördern. In anderen Gemeinden bleut man den Kindern ein, daß sie unbedingt die besten Schüler sein und die besten Colleges besuchen müssen. In den reicheren Vierteln wetteifern die Familien, wer die meisten materiellen Güter hat – die teuersten Kleider, das größte Haus, die neuesten elektronischen Geräte.

Noch bevor ein Kind im Kindergarten ist, betreiben seine Eltern schon die Aufnahme in Privatschulen. Die Zulassung zur »richtigen« Schule wird mit Champagner gefeiert, und wenn das Kind nicht aufgenommen wird, ficht man die Entscheidung der Schule an. In der Grundschule gehören Wettbewerbe oft ausdrücklich zur Schulkultur. Kinder können Fahrräder und CD-Player gewinnen, wenn sie mit Basaren Geld für Schulprogramme hereinbringen; sie können eine Pizza gewinnen, wenn sie Bücher lesen. Das Prinzip bleibt in allen Altersstufen gleich, nur die Art der Wettbewerbe wechselt. Und neben diesen offiziellen Wettbewerben laufen die inoffiziellen: Wer trägt die Kleider oder Schuhe der coolsten Marke, wer hat die meisten CDs oder die beste Stereoanlage?

Im Tao werden die Kinder mit sich selbst verglichen, nicht mit Freunden oder Klassenkameraden. Dadurch kann man ihnen die Qual und den Kampf des ständigen Wettstreits mit anderen ersparen. Die Eltern ermuntern ihre Kinder, nachzudenken und selbst zu entscheiden, was sie gerne tun. Gute Eltern kaufen ihren Kindern Dinge, die die Aktivität und Kreativität unterstützen, Interessen fördern und positive soziale Beziehungen verstärken.

Schätzen Sie andere Werte höher als Reichtum und die Anschaffung von Dingen, die gerade in Mode sind; damit helfen Sie ihren Kindern, sich vom Konkurrenzdruck zu befreien. Und gleichzeitig befreien Sie sich selbst und können ein ruhiges Leben führen. Sagen Sie mit Vorsicht ja, sagen Sie mit Fürsorge nein.

Als Corey noch klein war, fiel seinen Eltern auf, daß Plastikfiguren und Matchbox-Autos in seinen Spielen immer eine große Rolle spielten. Im Hinterhof hatte er graue Landschaften aus Erde geschaffen, und dort inszenierte er stundenlang seine Geschichten. Er produzierte summend und brummend ein halbes Dutzend verschiedener Fahrgeräusche und sprach zugleich die Rollen von Dutzenden von Leuten, guten und bösen. »He-he-he, jetzt hab' ich dich! Ich krieg' DICH! Jetzt geht's dir schlecht!« Während andere Kinder sich mit Fernsehen zufriedengaben, verbrachte Corey seine freie Zeit mit phantasievollen Spielen. Carl und Kate erlaubten ihm ziemlich regelmäßig, Plastikfiguren und kleine Autos zu kaufen, und diese Spielsachen ermöglichten Kreativität und Unterhaltung zu einem sehr bescheidenen Preis.

Als er älter wurde, begann Corey um die Videospiele und Gameboys zu bitten, die damals aufkamen. Die Eltern hätten zwar genug Geld gehabt, sie zu kaufen, waren aber überzeugt, daß es eine Menge Dinge gab, die genausoviel Freude machten, aber billiger und haltbarer waren. Als Corey in der sechsten Klasse war, bestellten sich er und sein Freund John gern Sachen aus einem Scherzartikel-Katalog – künstliche Hände, Eiswürfel mit Fliegen drin, Furzkissen. Besonders begeistert war Corey von seiner Trickkamera. Er erzählte der Familie: »Sie sieht genauso aus wie die Kameras, die Wasser spritzen, wenn man auf einen Knopf drückt. Und den Trick kennt jeder. Wenn du also die Kamera herausholst, sagt dein Freund ganz bestimmt: ›Weißt du was, Corey, *ich* fotografiere *dich*.‹ Und mit dieser neuen Kamera stellst du dich dumm und sagst: ›Ja, okay.‹ Dann hält er die Kamera ans Auge, um dich zu fotografieren, und wenn er auf den Knopf drückt, spritzt sie ihn an. Hahahaha.«

Auch die Geschenke, die Carl und Kate für Corey kauften, waren ziemlich bescheiden. Er hatte es gern, wenn die Geschenke zu Festen und Geburtstagen echte Überraschungen waren, deshalb beschwerte er sich nie, wenn er nicht genau das bekam, worum er gebeten hatte. Wenn sie ihm nicht das Gewünschte schenkten, achteten Carl und Kate darauf, daß das Ersatzgeschenk mit Bedacht ausgesucht war. Sie wählten Dinge, die seinen persönlichen Interessen entsprachen und seiner Aktivität und Kreativität ein Betätigungsfeld boten. Und wie es so ist, spielte Corey mit Freunden, die zu Hause Videospiele hatten. Und diese Freunde kamen gern zu Corey ins Haus, weil man da ganz andere Sachen machen konnte. Und im Lauf der Zeit merkte jeder in der Familie, wie schnell gewisse elektronische Spiele und Geräte aus der Mode kamen.

Als Holly in die Oberschule ging, war dort Markenkleidung angesagt; man mußte unbedingt Sergio-Valenci-Jeans haben, eine Frisur wie Farrah Fawcett, Schuhe von Esprit und Kleidung von Calvin Klein und Guess. Holly sollte sich mit ihrer Kleidung nach dem Familienbudget richten, und so leistete sie sich nur ganz selten ein teures Stück. Ab und zu besuchte sie ihre Tante Tina in San Francisco und durfte sich dort ein paar teure Sachen im Outlet einer Markenfirma kaufen. Als es Zeit war, ein Kleid für die Schulabschlußfeier auszusuchen, machten ihre Eltern ihr klar, daß dieser Abschluß zwar einen Übergang bedeutete, in der Familie aber nicht als besonderer Meilenstein angesehen wurde. Viele von Hollys Freundinnen wollten bei dieser Gelegenheit schulterfreie Taftkleider tragen. Ihre Roben waren in schönen Farben gehalten, in Gelb, Lindgrün, Blau und Weiß; sie waren extravagant und teuer. Hollys Eltern schlugen vor, sie solle sich ein konventionelles Kleid suchen, schlicht genug, daß man es auch anderswo tragen könne.

Kate ging mit Holly in mehrere Geschäfte, und sie schauten sich eine Menge Kleider an. Schließlich entschied sich Holly für eines aus pfirsichfarbenem Krepp, einfach, bescheiden und ohne Firlefanz, mit kurzen Ärmeln und viereckigem Ausschnitt. Damit konnte sie ganz entspannt sie selbst sein und brauchte sich keine Sorgen zu machen, ihr Kleid sei vielleicht zu offenherzig oder könnte herunterrutschen. Es war nicht kostspielig und nicht ausgefallen, aber es gefiel allen. Mitschüler, Lehrer, Eltern von Freunden, ja sogar Fremde kamen an jenem Abend zu Holly und machten ihr Komplimente. Sie war elegant; sie hatte die Einfachheit gewählt.

Wer in sich selbst ruht, braucht keinen Wettbewerb.

4. Kapitel

Funktion und Substanz – beides ist wichtig

Im Tao beziehen Eltern die Kinder in den Alltag ein. Wissen kann nicht eingetrichtert werden, sondern muß sich aus Erfahrung ergeben. Kinder lernen gern und können gut behalten, was sie lernen, wenn sie verstehen, daß es etwas mit ihrem Leben zu tun hat.

Bei guten Eltern fällt es meistens gar nicht auf, daß sie ihre Kinder überhaupt erziehen, denn die »Erziehung« ist völlig in den Alltag der Familie verwoben. Nehmen wir als Beispiel das Einkaufen. Eltern, die ihre Kinder zu Hause lassen, weil sie im Supermarkt um Süßigkeiten betteln könnten, sehen die Sache falsch. Wenn der Einkauf nicht gerade zu einer Zeit stattfindet, wo man am Verhungern ist, wenn das richtige Verhalten vorher besprochen wurde und man nicht in Eile ist, kann so ein Einkauf eine ausgezeichnete Lernerfahrung sein. Kleinere Kinder lernen etwas über Lebensmittel und über die Belegschaft im Supermarkt; Teenager lernen den Wert des Geldes und den Nährwert einzelner Nahrungsmittel kennen.

Beziehen Sie Ihre Kinder in Aktivitäten ein, die ihr Leben intellektuell und persönlich, gegenwärtig und zukünftig bereichern können. Sie müssen immer in der Lage sein, die Frage: »Warum tun wir das?« für sich selbst zu beantworten und die Antwort den Kindern klarzumachen. Wenn man das Tao anwendet, sind seine Tiefen unergründlich.

Als die Zwillinge in der Grundschule waren, fuhren sie immer mit zum Supermarkt, um mit Mapita einzukaufen. Sie weiß noch, daß sie so sehr mit kleinen Abenteuern beschäftigt waren, daß sie ganz vergaßen, um Süßigkeiten zu betteln. »Sucht uns doch das Mehl in Gang 8. Schaut, ob ihr die Salsa findet. Könnt ihr Jonathan-Äpfel holen? Welche Spaghetti haben die wenigsten Kalorien? Sucht doch bitte für ungefähr fünf Dollar Suppen aus. Wir brauchen noch Kakaopulver. Wir haben Gutscheine für zwei Schachteln Cornflakes. Holst du sie bitte?« Anfangs schien es, als wären die Jungen auf Schatzsuche. Als sie größer wurden, bekam jeder einen Teil der Familien-Einkaufsliste und durfte die Sachen zusammensuchen. Mapita erklärte ihnen die Numerierung der Gänge und wie die Waren in Kategorien und Unterkategorien eingeteilt waren. Sie verriet ihnen auch Tricks, wie man erkennt, ob eine Avocado reif ist, und wie man kalorienarme Mahlzeiten plant, und lehrte sie, das Obst der Jahreszeit entsprechend auszuwählen und den günstigsten und gesündesten Reis zu nehmen. Nur mit dem Einkommen der Mutter immer genügend Vorräte in Küche und Kühlschrank zu haben war nicht einfach; die ganze Familie war bestrebt, für das Geld möglichst gesunde Nahrung zu bekommen.

Einkaufen im Supermarkt wurde für Samuel und Jacob etwas Selbstverständliches. Als Teenager übernahmen sie schon einen großen Teil des wöchentlichen Einkaufs. Sie waren beide Ringkämpfer und mußten auf ihr Gewicht achten. Sie kannten sich in zwei Supermärkten gut aus. Bei dem einen war die Obst- und Gemüseabteilung besonders gut, der andere war billiger bei Konserven und verpackten Nahrungsmitteln.

Als Teenager wurden die Jungen auch in die Finanzen des Haushalts eingeweiht. Die Rechnungen, die ins Haus kamen, kannten sie genausogut wie Mapita. Ihr Motto war »keine Geheimnisse«, aber sie fand auch, es sei nur vernünftig, daß die Jungen die Rechnungen öffneten und erfuhren, was alles kostete, vom Strom bis zum Telefon. Wie es auf einem Gebiet ging, hatte immer Einfluß darauf, wieviel auf einem anderen ausgegeben werden konnte, und bald sahen sie deutlich, warum man sparen mußte.

Wenn Jacob sich entscheiden mußte, ob er ein Mädchen ins Restaurant oder zu einem Picknick einladen sollte, warf er zuerst einen Blick in die Haushaltskasse. Meistens lief es auf ein Picknick hinaus, weil ein Essen bei seinem Lieblingsitaliener leicht fünfmal soviel kostete. Es machte ihm auch Spaß, ein Picknick vorzubereiten, mit Sachen, die das Mädchen gerne aß, zum Beispiel gewürztem Reis mit Hühnchen und Erdbeercreme, und solchen, die er selbst mochte, wie Pizza und Cannelloni.

Man lernt durch Anwendung; schürfen Sie tief.

5. Kapitel

Seien Sie unparteiisch

Alle Menschen sind im Tao gleich, keiner ist wichtiger als die anderen. Manche Eltern praktizieren Günstlingswirtschaft, zeigen, daß sie an manchen Kindern mehr Freude haben als an den anderen, verteilen ihre Gunstbeweise ungleich. Oft bekommen die Kinder mehr Aufmerksamkeit und Zuwendung, in denen sich die Eltern selbst wiedererkennen. Aber wenn Kinder Ärger machen, verschärfen die Eltern die Probleme noch, wenn sie Vergleiche ziehen oder drohen. Da hört man Bemerkungen wie: »Warum kannst du nicht wie deine Schwester sein?« oder »Bei deinem Bruder hat es sowas nie gegeben.« Ungeratene Kinder werden verstoßen und schwierige enterbt.

Kluge Eltern sind sich der vielfältigen Wirkungen bewußt, die Unterschiede haben können, zum Beispiel beim Geschlecht. Sie geben sich Mühe, sich in alle ihre Kinder einzufühlen, und wissen, daß man zwar alle Kinder mit gleicher Aufmerksamkeit, aber nicht unbedingt mit derselben Art von Aufmerksamkeit behandeln soll. Ein Kind muß man zum Beispiel stark antreiben; ein anderes braucht viel Zeit zu Hause; wieder ein anderes braucht vielleicht Ihre Unterstützung, will aber nicht erdrückt werden.

Ermutigen Sie Ihre Kinder, indem Sie ihnen Zeit und Anstrengung widmen und ihnen zeigen, daß Sie gemeinsam Verantwortung tragen wollen. Bemühen Sie sich immer, Gleichberechtigung zu betonen. Benutzen Sie niemals Worte, die Ihre Frau, Ihren Mann, Ihre Söhne oder Töchter herabsetzen. Es gibt keine Gewinner in einer Familie, wenn ein Mitglied verliert.

Margaret und Lew sind beide in Familien aufgewachsen, wo Chancen und Vorteile allen Kindern gleichermaßen geboten wurden. Margaret und ihre zwei Schwestern bekamen die Gelegenheit, aufs College zu gehen; auch Lew und seine zwei Brüder wurden aufs College geschickt. Das war in früheren Generationen ihrer Familien nicht immer so gewesen; manche Kinder hatten das College besuchen dürfen, manche nicht. Lew hatte es immer unfair gefunden, daß seine Mutter in einem Büro arbeiten mußte, um ihre Brüder bei der Ausbildung unterstützen zu können, obwohl sie eine wißbegierige und begabte Schülerin gewesen war. Und Margaret hatte sich immer gefragt, warum nur einige ihrer Onkel und Tanten aufs College gegangen waren.

Cynthia und Patrick verstehen den Wunsch ihrer Eltern, sie gleich zu behandeln, ob es nun um große Dinge wie Schulbildung geht oder um kleine wie Geschenke oder Extra-Vergnügungen. Es versteht sich von selbst, daß Lew und Margaret beide Kinder während ihrer College-Ausbildung (oder einer anderen Ausbildung ihrer Wahl) unterstützen werden.

Im Alltag aber ziehen die Kinder ihre Eltern gern auf, wenn es einmal so aussieht, als gehe es nicht ganz gerecht zu. »Er hat mehr Geschenke gekriegt als ich«, klagte Cynthia (mit einem Lächeln) nach der Abschlußfeier ihres Bruders an der Junior High-School. Margaret antwortete: »Hast du vergessen, daß es in deiner Schule keine Abschlußfeier gegeben hat?« Einige Monate später, als Patrick im ersten Jahr an der High-School war, beklagte sich Cynthia: »*Ich* durfte in seinem Alter nie in Filme gehen, die nicht jugendfrei waren.« Margaret wies sie darauf hin, daß auch Patrick das nicht durfte. Die Politik hatte sich nicht geändert, auch wenn mal eine Panne passierte. Patrick grollte: »Cynthia habt ihr ins Space-Camp gehen lassen!« Lew fragte ihn: »Möchtest du denn auch hin?« Patricks Antwort: »Nein.«

Weil es nur ein Mädchen in der Familie gibt, können Lew und

Margaret ruhig sagen: »Du bist unsere Lieblingstochter.« Und weil es nur einen Sohn gibt, können sie sagen: »Du bist unser Lieblingssohn.« Das tun sie auch.

Ziehen Sie kein Kind vor.
Alle Menschen sind Geschöpfe, ob klein oder groß.

6. Kapitel

Der Weg wird niemals ausgetreten

So wie sich das Gehirn nie durch Gebrauch abnutzt, so wird auch der Weg niemals alt und langweilig. Er entwickelt sich, während er benutzt wird, er gewinnt durch neue Ideen.

Die Entscheidungen, die Eltern und Kinder immer wieder in gegenseitiger Achtung treffen, nutzen sich nicht ab. Sie werden besser. Kinder und Eltern vertiefen ihre Beziehung durch immer wiederkehrende alltägliche Handlungen genauso wie durch völlig neue Ideen. Das Tao ist nicht unlösbar an strenge Pläne und feste Vorstellungen gebunden. Gelegentlich tun vielleicht alle Familienmitglieder das gleiche, aber auf verschiedene Weise, denn sie sind ja ganz individuell. Ein andermal machen vielleicht alle verschiedene Dinge und sind doch gleich.

Sie werden merken: Im Tao sein heißt niemals erschöpft sein.

Als John und Dot heirateten, hatten sie beide bereits Kinder aus früheren Ehen. Nach ihrer Heirat unternahmen sie mit den Kindern viele Dinge, wollten ihnen Erlebnisse bieten, bei denen ganz von selbst Beziehungen entstehen konnten. Die Familie machte öfters kurze Ausflüge in die Wüste. In den Jahren vor seiner zweiten Ehe hatte John angefangen, sich einen »Landsitz« herzurichten, fünf Morgen Land mit einem kleinen Holzhaus mitten in der Mojave-Wüste. Es war nichts Besonderes, nur eine Art Rückzugsort. Wenn die Kinder Lust hatten, durften sie Nägel einschlagen, soviel sie wollten, und irgendwas an das Haus anbauen. So wuchs es Schritt für Schritt. Hauptsächlich durchstreifte man die umliegende Wüste, aß sehr einfache Mahlzeiten und saß abends vor dem Lagerfeuer. Beim Zusammenwachsen der Familie spielten die Wüstenausflüge eine wichtige Rolle. Dot sah das so: »Wenn es aus uns eine Familie macht und Gemeinschaftssinn erzeugt, dann ist es unbedingt nötig.«

Die fünf Kinder, damals zwischen sieben und sechzehn, fanden die Tage in der Wüste wunderbar. Sie erforschten die Umgebung und lernten, daß alle diese braunen Eidechsen und grünen Kakteen besondere Namen und Eigenheiten hatten. Eine Eidechse, die immer an der Küchentür lag, tauften sie Pal.

Wenn die Kinder längere Wanderungen machten, brachten sie Büschel von Beifuß mit, die sie mit einer Schnur fest zusammenbanden, damit man sie abends ins Lagerfeuer werfen konnte. In der Nähe wuchsen bunte Kürbisse; die Kinder brachten die schönsten mit und schmückten die Hütte in Orange, Gelb und Grün. Die älteren Kinder durften Radtouren unternehmen und stundenlang, weit weg von den Eltern, in sicherem und unberührtem Gelände auf Abenteuer ausgehen.

Sie saßen aber auch gern ganze Nachmittage nur herum. Alle Familienmitglieder lasen gern, und alle Kinder beschäftigten sich auf die eine oder andere Weise mit Kunst, oder sie bastelten. Polly zeichnete gern Bilder von Menschen und Pferden, und Irma konnte stundenlang kleine Steine zu Reihen und Mustern legen. Sie räumte auch gern in der Hütte auf, rückte die Möbel zurecht, staubte ab und ordnete sogar die gesammelten Zierkürbisse zu Stilleben an. Natalie saß gern lesend in dem ehemaligen Wassertank, der zum Pool umfunktioniert worden war. Joe und Ralph verbrachten Stunden damit, gemeinsam windgebleichte Holzstücke oder Metallteile von alten Hütten zu untersuchen. Unter Johns Anleitung lernten sie auch, Dächer und Fenster zu bauen.

Jeden Abend, wenn Millionen von Sternen hell am schwarzen Nachthimmel standen, entzündeten die Jungen ein Lagerfeuer. John stimmte am Feuer immer vertraute alte Lieder an. Alle fielen ein, und unter dem weiten Nachthimmel erklangen Lieder wie »This Land is Your Land«, »Leavin' on a Jet Plane« oder »I've Been Workin' on the Railroad«.

Nach etwa einem Dutzend Liedern erzählten sie sich Geschichten, die sie im Ferienlager gehört hatten, oder Witze, die in der Schule umliefen. Gespenstergeschichten waren beliebt, und sogar Kalauer wurden klaglos hingenommen, weil sich da draußen alle gegenseitig akzeptierten.

Später, in der Hütte, wurde vielleicht ein Brettspiel hervorgekramt. *Monopoly* und *Scrabble* waren immer dabei, und ganz beiläufig kamen Geschicklichkeit und Begabung der einzelnen ans Licht. Einmal spielten sie ein Spiel namens *Skrupel*. Außer dem Vergnügen, zusammen zu spielen, bot es auch Gelegenheit, Fragen der Moral zu diskutieren. Die Kommentare stießen nie auf taube Ohren.

»Ich kann mir nicht vorstellen, daß du das wirklich tun würdest!«

»Würdest du das wirklich tun?«

»Ich würde es wahrscheinlich genauso machen.«

Eines Abends, als andere Familien in der Wüste zu Besuch waren, bliesen alle – insgesamt etwa zwanzig Leute, jung und alt – die Kerzen in der Hütte aus und spielten Mord um Mitternacht.

Für Kinder wie Erwachsene boten diese Zeiten der Freiheit Gelegenheit, die einfachen Freuden der Natur in der Wüste zu erleben und sich gegenseitig immer besser kennenzulernen.

Erlauben Sie im Tao den Dingen, sich zu entfalten.

7. Kapitel

Denken Sie nicht an sich selbst

Im Tao denken die Eltern zuerst an ihre Kinder.
Was die Eltern interessiert, ist nicht unwichtig, aber es darf nicht immer zuerst kommen. Wenn Sie Ihren Kindern zeigen, daß sie Ihnen wichtig sind, dann werden sie das Interesse erwidern. Jedem Kind regelmäßig ungeteilte Aufmerksamkeit zu schenken zeichnet kluge Eltern aus. Natürlich müssen verantwortungsbewußte Eltern ihre beruflichen Pflichten erfüllen. Sie reservieren sich auch eine gewisse Zeit für Freizeitbeschäftigungen, die sie persönlich bereichern und erfüllen. Sie erledigen obendrein die wichtigsten Arbeiten im Haushalt. Vor all den anderen wichtigen Dingen kommt aber die Pflicht, den Kindern Zeit zu widmen. Manchmal finden Eltern einen Weg, die Kinder auf erfreuliche Weise miteinzuschließen, wenn sie andere Aufgaben erfüllen. Reservieren Sie sich feste Zeiten für einzelne Kinder, und unternehmen Sie dann Dinge mit ihnen, die ihnen ganz besonders gefallen. Das wird für Sie eine Erfüllung sein.

Die Erziehung ihrer Zwillingssöhne konfrontierte Mapita mit manchen Herausforderungen. Sie machte sich klar, daß sie als alleinerziehende Mutter die Rollen und Aufgaben zweier Menschen übernehmen mußte. Anfangs traute sie es sich gar nicht zu, mit zwei lebhaften Jungen fertigzuwerden. Als Samuel und Jacob ins Krabbelalter kamen, räumte sie fast alle Möbel aus dem Wohnzimmer. Den Couchtisch verkaufte sie wegen seiner scharfen Ecken und eisernen Füße. Gefäße und Figuren, die sie von ihren Auslandsreisen mitgebracht hatte, waren aus zerbrechlicher Keramik und kostbarem Porzellan. Sie verpackte und verräumte sie für über sieben Jahre in Schränken und Kammern. Allein ein weiches, durchgesessenes blaues Sofa durfte im Wohnzimmer bleiben.

Die Sanchez-Jungen wußten: Sie konnten sich darauf verlassen, daß ihre Mutter für sie da war. *Sie* zweifelte nie daran, daß die Jungen sich in der Schule gut machen würden. Sie nahm großen Anteil an der Ausbildung ihrer Kinder, besuchte die Sprechstunden der Lehrer und notfalls auch den Direktor. Und obwohl sie die Lehrer stark unterstützte, hörte sie doch bei den Elternabenden genau zu und stellte Fragen, um sich zu vergewissern, daß ihre Kinder gerecht behandelt wurden. Sie war immer überzeugt davon, daß sich die Zeit gelohnt hat, die sie in der Schule verbrachte.

Mapita arbeitete viel, manchmal in zwei Jobs gleichzeitig, um ihre Kinder mit Kleidung, Schulbüchern und Sportsachen versorgen zu können. Während sie arbeitete, wollte sie ihre Kinder bestmöglich betreut wissen. Sie entschied schon bald, daß es für sie das beste wäre, wenn jemand ins Haus käme. Mapita wollte auch, daß die Kinder die Muttersprache ihrer Familie weiter übten, und wählte deshalb eine Betreuerin, die untertags mit den Jungen Spanisch sprach.

Wenn Mapitas Arbeitstag vorüber war, kam die Familie an allererster Stelle. Mapita hatte eine Menge Freunde, darunter viele Arbeitskollegen, aber den Großteil ihrer Zeit und Energie reservierte sie für ihre Kinder. Das Familienleben bestand aus einfachen Mahlzeiten und dem Besuch von Verwandten und Freunden. Wenn sie ausging, dann dorthin, wo auch die Jungen mitkommen konnten.

Als Jacob und Samuel in die High-School kamen, wurde Mapita klar, daß ihr Job sich nicht mit ihrem Familienleben vertrug. Sie unterrichtete Erwachsene und veranstaltete am Abend und an Wochenenden Workshops, was bedeutete, daß sie ausgerechnet dann weg war, wenn die Söhne zu Hause waren. Das störte sie. Sie wußte, daß beide aufs College gehen und also nach Abschluß der High-School ausziehen würden. Und weil sie klare Prioritäten setzte, beschloß sie, wieder untertags an der staatlichen Schule zu unterrichten. Das hatte sie schon zu Beginn ihrer Laufbahn gemacht, und zwar gut.

Für die Zwillinge dazusein war nicht immer bequem. Manchmal verfügten sie über die Zeit ihrer Mutter, ohne sie zu fragen. Einmal hatte sie sich mit einer Schulfreundin für den Super-Bowl-Sonntag zum Lunch verabredet, nicht ahnend, daß die Jungen bereits andere Pläne gemacht hatten. Sie hatten zehn Leute zu einer Super-Bowl-Party eingeladen, bei der es eine Menge mexikanisches Essen geben sollte, inklusive Mole und Tamales, dazu haufenweise Chips und Junkfood. Die Jungen hatten auch zwei erwachsene Freunde der Familie eingeladen, damit Mapita am Nachmittag genügend Gesellschaft hätte. Mapita sagte ihre Verabredung zum Lunch ab, aber sie genoß den Tag.

Von Anfang an widmete Mapita den Söhnen viel Zeit, und zwar Zeit, in der sie voll für Jacob und Samuel da war. Die Zeit, die sie auf die Bedürfnisse der Kinder verwendete, hat Mapita nie gereut. Es gab zwar deswegen manchmal Schwierigkeiten in ihren anderen Beziehungen, aber sie hatte ihre Wahl getroffen und sich auf das Wichtigste konzentriert.

Stellen Sie sich selbst zurück, und Sie werden
am Ende der Erste sein.

8. Kapitel

Fördern Sie keine Konkurrenz;
seien Sie vorsichtig mit Worten

Geschwisterrivalität ist schon seit ewigen Zeiten ein Thema. Wenn die Eltern einem Kind erzählen, es sei großartig, entsteht beim anderen Kind der Eindruck, er oder sie sei nicht großartig. Ein Kind verkümmert, wenn es keine Komplimente bekommt.

Auch Tadel kann den Kindern ganz verschiedene Botschaften vermitteln. Wenn man ein Kind in Gegenwart des anderen ermahnt, lernt das zweite Kind dabei nicht unbedingt das gleiche. Wenn Eltern Kinder miteinander vergleichen (»Deine Schwester würde so etwas nie tun!« – »Warum kannst du nicht ein bißchen wie dein Bruder sein?«), dann kann das Unwillen und Ablehnung hervorrufen. Wenn Eltern die Fehler des einen Kindes immer wieder anprangern und das andere Kind nie für etwas bestrafen, wird das kritisierte Kind sich ungerecht behandelt fühlen. Sogar der Klang der Stimme kann zum Problem werden. Oft sprechen Eltern mit einem Vorzugskind freundlich, für ein anderes haben sie nur barsche Befehle und bohrende Fragen. Manchmal hört man, das eine Kind »verdiene« die Kritik. Kein Kind verdient Kritik; alle Kinder verdienen Ermutigung und ein Gefühl dafür, was in verschiedenen Situationen jeweils das richtige ist. Außerdem brauchen Kinder Führung und Anleitung.

Lob ist wichtig. Man muß es ganz speziell formulieren und darf es nicht zur Bestechung einsetzen. (»Ich finde es großartig, daß du dir solche Mühe gegeben hast, dein Zimmer aufzuräumen.« – »Die viele Zeit, die du auf das Bild verwendet hast, hat sich ausgezahlt. Es sieht richtig professionell aus.«) Loben Sie nicht immer in Gegenwart anderer Kinder. Heben Sie sich Tadel auf, bis Sie unter sich sind. Halten Sie die Kritik einfach und erwähnen Sie auch, welches Verhalten richtiger wäre. (»Wenn du deine Hausaufgaben nicht machst, dann heißt das, du hältst sie nicht für wichtig. Wir können mit deinem Lehrer reden, wenn du schwierigere Aufgaben brauchst.«) Machen Sie nur Versprechungen, die Sie halten können, und halten Sie sie dann auch. Das sind Zeichen Ihrer bedingungslosen Liebe.

Als Holly in der Grundschule war, fiel es Kate und Carl auf, daß sie gern gleich nach dem Heimkommen von der Schule in ihr Zimmer ging und zu zeichnen anfing. Sie konnte stundenlang mit ihrem Zeichenblock am Schreibtisch sitzen, und es war manchmal recht schwierig, sie zum Aufhören zu bewegen. Sie baute auch gern mit Legosteinen. Sie brauchte kein Fernsehen; in den ersten Schuljahren war sie vollkommen zufrieden, wenn sie alle möglichen Gebäude entwerfen und bauen konnte. Carl und Kate lobten sie oft und fanden sich darüber hinaus oft selbst auf dem Boden, wo sie mit ihr bauten.

Die Flanagans bemerkten auch, daß Holly ihre Hausaufgaben wirklich gern machte. Jede Aufgabe war für sie ein Ereignis. Man kannte sie bald im örtlichen Schreibwarengeschäft, weil sie oft Zeichenbedarf, Plastikumschläge, Klarsichthüllen und Aufkleber kaufte. Alle ihre Hausaufgaben sahen attraktiv und interessant aus, wenn sie sie in der Schule abgab; sie waren künstlerisch verziert und hatten ansprechende Titelseiten.

Corey andererseits interessierte sich nicht für die gleichen Dinge wie Holly. Schule war soweit okay. Hausaufgaben mußten halt gemacht werden. Mit Papa zeichnen war nett – manchmal. Es war Carl und Kate klar, daß sie sehr aufpassen mußten, Holly nicht als Beispiel hinzustellen, als große Schwester, der man nacheifern mußte. Ihre künstlerische Ader und ihr schulischer Ehrgeiz waren einzigartig. Coreys Stärken lagen ganz woanders, und sie fielen seinen Eltern nicht immer auf. Corey war ein geselliger Typ, der gern mit anderen zusammen war. Er liebte Gruselstorys. Die Pausen fand er prima, weil er gern herumrannte. In der Schule fiel es ihm schwer, lange Zeit stillzusitzen und aufmerksam zu sein.

Als Corey in der sechsten Klasse war, sagte er zu einem Freund der Familie: »Das Wichtigste an der Schule ist der Lehrer. Wenn er langweilig ist, das ist ziemlich hart.« Seine Lehrerin ging ihm auf die Nerven, weil sie zu langsam sprach. »Bis sie sagt: ›Kinder . . ., nehmt . . . eure . . . Bücher . . . heraus‹, ist man schon eingeschlafen.« Als er in die siebte Klasse kam, hatte er schon genug von der Schule. Er fing an, Unsinn zu treiben, wie Carl und Kate es ausdrückten. Seine Noten wurden schlechter, und er war zwar nie ungezogen, aber häufig unaufmerksam.

Kate und Carl sahen, daß es für Corey in der achten Klasse durchaus nicht leicht war. Trotzdem widerstanden sie der Versuchung, auf Hollys andauernden Schulerfolg hinzuweisen. Sie war die Beste ihres Jahrgangs und sollte die Abschlußrede halten. Aber es wäre töricht gewesen, mit Sprüchen wie »Warum kannst du nicht sein wie deine Schwester?« zu kommen.

Als es Zeit war, für Corey eine High-School zu wählen, wollte er irgendwohin gehen, wo er beim Unterricht nicht mit seinen bisherigen Klassenkameraden zusammen war. Er wollte weg von einigen Kameraden, die er schon eine Ewigkeit kannte, und neue Leute kennenlernen. Er wollte auf eine Konfessionsschule gehen, die zwei ältere Cousins besuchten. Seine Eltern waren einverstanden.

Als er in der neuen High-School in die neunte Klasse kam, interessierte sich Corey zum ersten Mal im Leben für Football. Er war ein blutiger Anfänger, aber seine Eltern unterstützten ihn, sein Trainer ermutigte ihn, und seine Mannschaftskameraden hatten Geduld mit ihm. Seine Mannschaft war das »weiße Team«, das Team für die unerfahrenen Spieler. Es war nicht leicht für

Corey. Er mußte hart trainieren und Schmerzen und Verletzungen ertragen. Aber Carl und Kate bemerkten, daß er trotz allem gern und gut Football spielte. Er entwickelte dabei Selbstvertrauen und eine ganz neue Ausdauer, Eigenschaften, die sein Leben auch auf vielen anderen Gebieten beeinflußten. In Coreys zweitem High-School-Jahr erschien auf der Titelseite einer Zeitung ein Artikel über ihn, in dem er »Außenläufer des Jahres im Bezirk« genannt wurde. Bald darauf wurde er zum herausragenden Außenläufer des Jahres in Südkalifornien ernannt. Sowohl Corey als auch seine Eltern waren angenehm überrascht, daß seine harte Arbeit sich so gelohnt hatte.

Wenn ein Kind einen Preis bekam, hielten Kate und Carl es für das beste, die Ehre zu würdigen und das Kind zu loben für die harte Arbeit und die Hingabe, die nötig waren, um den Preis zu erringen. Dadurch, daß sie das Verhalten würdigten, wurde klar, daß auch jedes andere Familienmitglied einen Preis gewinnen konnte. Nicht Talent war das Entscheidende, sondern Einsatz.

Worte brechen vielleicht keine Knochen,
aber sie können Herzen brechen.

9. Kapitel

Das Materielle vergeht,
das Geistige bleibt bestehen

Das Tao geht davon aus, daß gute Erziehung nicht von besonderen Dingen oder materiellen Gütern abhängt. Eltern können ihren Kindern Erfahrungen vermitteln, die ihnen einen Weg zeigen, wie sie andere Menschen achten, mit ihnen teilen und ihnen etwas geben können. Die Stärke des Menschen geht über die reine physische Kraft hinaus. Es ist ein langwieriger, aber lohnender Prozeß, bei den Kindern die Einsicht in Werte und Grundsätze zu fördern.

Helfen Sie Ihren Kindern, die Aspekte des Lebens zu sehen, die unter der Oberfläche des Alltags liegen – jenseits von Spielzeug, Möbeln und Kleidung. Vermitteln Sie ihnen Ihre Ansichten über die tieferen Dimensionen des Lebens. Beginnen Sie, indem Sie in Ihren Kindern die Güte anderer Menschen gegenüber wecken.

Als Dot und John ihre beiden Familien vereinigten, waren ihre Gefühle sehr stark, sie liebten sich sehr. Aber sie erkannten auch, daß es bei ihrer neuen Ehe nicht nur um ihre Liebe füreinander ging. Der Erfolg ihrer Ehe hing davon ab, ob die beiden Familien lernen würden, sich umeinander und um ihre Mitmenschen zu kümmern. Um die Familienmitglieder näher zusammenzubringen, erklärte Dot einen Abend in der Woche zum Gemeinschaftsabend.

Der Familienabend der Singletons fand nicht an einem festen Wochentag statt. Jeder schaute in seinem Terminkalender nach, wie es mit Stundenplan, Sport und Schulveranstaltungen aussah, dann wurde der Tag für die kommende Woche oder auch den nächsten Monat festgesetzt. Jedes Familienmitglied durfte Vorschläge für die Gestaltung machen, und so fanden die Abende manchmal auch außer Haus statt. Wenn in der Schule etwas Besonderes los war, quetschte sich die ganze Familie in den Kombi und fuhr zusammen hin. Manchmal ging die Familie ins Theater, manchmal ins Planetarium. Die gemeinsame Unternehmung konnte sogar eine Strandwanderung sein oder eine Fahrt ins Einkaufszentrum, um Schuluniformen zu besorgen.

Aber die meisten Familienabende verbrachte man doch zu Hause, und das waren wahrscheinlich auch diejenigen, die allen am stärksten im Gedächtnis blieben. Ganz wichtig war bei solchen Anlässen, daß alle bei einem guten Essen zusammensaßen.

Freunde fragten John und Dot gelegentlich, wie sie es an Familienabenden mit den Hausaufgaben der Kinder hielten, denn sie wußten, daß die Singletons auf Bildung großen Wert legen. Die Antwort überraschte sie. Hausaufgaben waren wichtig, aber nicht so wichtig wie die Familie. Wenn eine Aufgabe nicht vor der Zeit, die für den Familienabend reserviert war, zu Ende gebracht werden konnte, schrieb Dot oder John dem betreffenden Lehrer eine Entschuldigung, und die Aufgabe wurde immer am nächsten Tag nachgeliefert.

In den ersten Ehejahren fungierten John und Dot auch als Berater für die Jugendgruppe ihrer Kirche. Zu den meisten Zusammenkünften und Ausflügen ging die ganze Familie mit, sogar diejenigen Kinder, die eigentlich noch nicht alt genug waren für die Jugendgruppen. Sie nahmen am Leben der Kirchengemeinde teil, bei gemeinsamen Mahlzeiten oder indem sie bei kleinen Theateraufführungen mitwirkten, Nahrungsmittel für die örtliche Armenspeisung sammelten und in den Altenheimen der Gegend sangen. Einige Unternehmungen der Kirchengemeinde führten sie auch weit von zu Hause weg; eine ganz wichtige war die jährliche Wanderung. Alle zwängten sich in Autos und Kleinbusse und fuhren die Ostseite der Sierra hinauf. Jede Gruppe oder Familie hatte ihre eigene Camping-Ausrüstung, und jeder mußte auch die Zutaten für eine oder zwei der gemeinsamen Mahlzeiten tragen, die sie in 2.700 Meter Höhe kochten.

Im Zuge ihrer Arbeit für die Kirche organisierten die Singletons über zehn Hilfslieferungen an ein mexikanisches Waisenhaus. Die ganze Familie fuhr gemeinsam hin und brachte Nahrungsmittel, Windeln und Kleidung mit, dazu Werkzeug und Material für Reparaturen. Wenn sie beim Waisenhaus ankamen, suchten sie sich einen Platz im Garten und schlugen ein großes Zelt auf, in dem die Schlafsäcke aller sieben Familienmitglieder Platz fanden. Dann gaben sie sich mit den Babys ab, strichen Gebäude, jäteten, pflanzten Blumen und reparierten die Sachen der etwa neunzig Kinder in diesem Haus. Alle spielten mit den Kindern Baseball, und weil es durchaus vorkam, daß sich noch zwanzig andere Besucher dort aufhielten, waren die Spiele ziemlich lärmig und aufregend. Dots Spanisch war sehr hilfreich, aber die Sprachprobleme der anderen trübten die gute Laune keineswegs und hinderten niemand am gemeinsamen Spiel.

Ehre und Integrität gibt es nicht irgendwo »da draußen«; sie kommen von innen. Machen Sie sich frei von unnötigen Zwängen, und bauen Sie Beziehungen zu anderen Menschen auf.

10. Kapitel

Seien Sie nicht autoritär

Kluge Eltern haben Autorität, aber sie geben sich nicht autoritär. Von ihren Kindern werden sie respektiert, weil sie Teil einer Familie sind, die sich gegenseitig unterstützt und fördert. Im Tao verlangen Eltern nicht, daß die Kinder ihnen blind gehorchen. Aber wenn einmal eine Vereinbarung getroffen worden ist, dann gibt es angemessene Konsequenzen für den Fall, daß sie nicht eingehalten wird.

Ein Vater, der ständig Dinge herumbrüllt wie: »Jetzt sag' ich dir schon zum vierten Mal, daß du abspülen sollst! Komm rein!«, tut seinem Kind keinen Gefallen. Das Kind selbst muß die Verantwortung dafür tragen, daß es seine häuslichen Arbeiten selbständig erledigt. Sie können es aber unterstützen, indem Sie ihm einen festen Termin setzen und von vorneherein klarmachen, was passiert, wenn die Arbeit dann nicht erledigt ist.

Ermöglichen Sie Ihren Kindern, aus eigener Kraft zu entscheiden, was sie erreichen wollen und wie. Ermutigen Sie sie, ihre Handlungen zu überprüfen und zu überdenken. Erwarten oder erlauben Sie nicht, daß Ihre Kinder sich in Dingen auf Sie verlassen, die sie sehr gut selbst erledigen können.

Margaret und Lew hielten es für wichtig, daß ihre Kinder mit Geld umgehen lernten. Cynthia verdiente sich etwas mit Babysitten, aber das reichte nicht für ihre Wünsche. Sie brauchte mehr Geld. Lew und Margaret hatten in einer Zeitschrift einen Artikel gelesen, wie man Taschengeld als Werkzeug einsetzen kann, um Kindern den richtigen Umgang mit Geld beizubringen. Sie dachten sich also ein neues Taschengeld-System für ihre Tochter aus. Sie setzten sich mit Cynthia zusammen und schrieben alles auf, wofür sie Geld brauchte. Einmal im Monat bekam sie Taschengeld, und zwar genug für Kleidung, Kino, Geburtstagsgeschenke und eine CD. Das einzige Extra waren hundert Dollar jeden Herbst für Schulkleidung. Und in späteren Jahren kamen die Eltern auch für die Ballkleider auf, die sie für festliche Veranstaltungen brauchte.

Cynthia verrechnete sich zwar manchmal, aber sie hatte Spaß daran, ihre Dollar und Cents einzuteilen. Sie probierte verschiedene Läden aus und setzte unterschiedliche Schwerpunkte bei den Ausgaben. Es gefiel ihr, daß sie sich in manchen Monaten mehr CDs kaufen konnte, wenn sie wollte, und sich ein andermal ein besonderes Kleidungsstück leisten konnte, weil sie genug gespart hatte.

Als Cynthia aufs College kam, ging sie selbstsicher mit Geld um und war von ihrem neuen Girokonto begeistert. Im ersten Jahr wollte sie lieber noch keine Kreditkarte haben, aber später bekam sie eine, damit sie den Umgang damit lernen konnte. In den meisten Dingen war sie sparsam, in den Augen ihrer Eltern sogar fast zu geizig. Zum Beispiel liebte sie es, ihre Kleidung in Ramschläden zu kaufen.

Auch Patrick bekam sein Taschengeld, um den Umgang mit Geld zu üben. Als er seine Zahnspange verlor, ließ Margaret ihn die Hälfte selbst zahlen. Daraufhin paßte er viel besser auf, wo er sie hinlegte. Er lernte, daß Fehler auf finanziellem Gebiet weh tun, und daß man darauf achten muß, wofür man Geld ausgibt. Auf der High-School startete er sogar eine persönliche Kampagne gegen überteuerte Markenkleidung.

Lassen Sie nicht zu, daß andere die Verantwortung auf Sie abschieben.

11. Kapitel

Leere hat einen Nutzen

Im Tao gibt es den Gedanken des wu-wei, *das heißt: Nichtsein hat einen Nutzen. Der Raum in einer Schüssel oder Tasse, die Öffnung in der Nabe eines Rads und die leeren Stellen für Fenster oder Türen in einem Gebäude haben sämtlich wichtige Funktionen. Auch für Eltern kann Leere sehr nützlich sein. Zum Beispiel können sie eine Frage stellen und dann nichts tun. So geben sie den Kindern Zeit zum Denken. Kluge Eltern bemühen sich, auch »zwischen den Zeilen zu lesen«, und benutzen ihre Intuition, um herauszubekommen, was ein Kind wirklich meint, auch wenn es das durch Worte oder Handlungen nicht ausdrücken kann. Darüber hinaus wissen sie auch, daß Pausen beim Reden oder Handeln den Worten und Taten Gewicht und Bedeutung verleihen können.*

Aber was das Wichtigste ist: Rücksichtsvolle Eltern wissen auch, daß Kinder Freiraum brauchen. Eltern sollten nicht immer gegenwärtig sein und dem Kind sagen, was es zu tun und zu lassen hat. Wenn Kinder sich immer nach den Eltern richten, werden sie als Erwachsene nicht fähig sein, selbständig richtige Entscheidungen zu treffen.

Geben Sie Ihren Kindern den Freiraum, den sie brauchen. Halten Sie Ihre Beziehungen frei von ständigen Anweisungen, und lassen Sie jedem Menschen Wahlmöglichkeiten. Seien Sie gleichzeitig nah und fern.

Mapitas Söhne sind zwar eineiige Zwillinge, aber sie weiß sehr gut, daß jeder eine eigenständige Persönlichkeit ist, mit eigenen Stärken, Vorlieben und Abneigungen. Sie hat gesehen, wie sich im Lauf der Jahre manche Charakterzüge herausbildeten. Sie hat immer darauf geachtet, die Söhne zu Entscheidungen zu ermutigen, aber nicht zu drängen. Sie weiß, daß »Freiraum geben« nicht bedeutet, sich aus allem herauszuhalten. Aber sie kann ruhig zusehen, wenn die Jungen verschiedene Möglichkeiten ausprobieren.

Als die Jungen noch nicht zur Schule gingen, brachte sie sie in eine Klavierschule, die auf den Unterricht kleiner Kinder spezialisiert war. Das Programm umfaßte auch die Mitarbeit der Eltern. Mapita beschloß, zu tun, was nötig war, nicht weil die Jungen Konzertpianisten werden sollten, sondern weil sie die Gelegenheit bekommen sollten, herauszufinden, was ihnen wirklich gefiel. Nach Mapitas Meinung waren Zeit und Geld gut angelegt, wenn ihren Söhnen dabei geholfen würde, ihre Interessen zu erkennen. Sie sah sich nach Programmen um, die sie sich leisten konnte: Instrumentalunterricht bei einer Musikschule, Kunst- und Werkprogramme bei der Stadt. Dabei war ihr erstes Ziel aber nicht, die Jungen zu beschäftigen, sondern ihnen zu helfen, ihre jeweiligen Talente und Interessen zu finden.

Als die Jungen heranwuchsen, beobachtete Mapita mit Freude, wie sich ihre Interessen und Träume entwickelten.

Jacob hat sich immer für soziale Dinge interessiert. Er geht wirklich gern mit Leuten aller Art und jeden Alters um. Er träumt von einem Haus irgendwo am Strand, vielleicht südlich von Newport Beach in Kalifornien; da möchte er schwimmen, am Strand sitzen und sich mit Freunden den ganzen Tag in Liegestühlen räkeln. Auch ringen könnte er jeden Tag. Seine Lieblingsfächer sind Naturwissenschaften und Mathematik, und er will vielleicht eines Tages Wirtschaft oder internationales Recht studieren. Er diskutiert gern. Er ist Musik- und Kinofan.

Samuel andererseits liebt Englisch, Sozialkunde und Kunst. Er schaut sich Filme, wie zum Beispiel »Romeo und Julia«, am liebsten mindestens dreimal an. Sein Ideal ist, an einem schönen Sommertag im Garten zu sitzen, Tee zu trinken und dann mit seiner Familie in ein italienisches Restaurant zum Essen zu gehen. Er stiftet gern Frieden.

Als die Jungen die High-School abschlossen, war Mapita sich klar darüber, daß sie selbst über ihre Zukunft entscheiden mußten. Nur sie selbst konnten das richtige College und Hauptfach für sich wählen.

Bis jetzt sind die Lebenswege der beiden Jungen eigentlich nicht vorhersehbar gewesen, höchstens im Rückblick verständlich. Mapita glaubt, daß es so am besten war.

Leere ist ein Vorteil.

12. Kapitel

Kontrollieren Sie Ihre Sinneseindrücke; vermeiden Sie Verwirrung, und reagieren Sie auf innere Tiefe

Wir lernen im Leben schnell, daß man auch vom Guten zuviel bekommen kann. Laute Musik betäubt die Ohren. Übermaß im Essen und Trinken schadet der Gesundheit. Wenn man in praller Sonne arbeitet, wird man geblendet; das kann die Konzentrationsfähigkeit mindern. Kluge Eltern sorgen für eine gemäßigte Umgebung, die den Umgang miteinander angenehm macht. Manche Menschen brauchen ständig äußere Reize, aber wenn man durchs Leben stürmt und jeder Tag mit Aktivitäten vollgepackt ist, dann kommt das Nachdenken zu kurz.

Denken Sie darüber nach, wie Ihre Umgebung positive Familienbeziehungen fördern kann. Nehmen Sie sich Zeit, um mit Ihrer Familie einfach auszuspannen. Vergessen Sie nicht, daß Menschen manchmal das Alleinsein brauchen. Zeiten der Ruhe geben der aktiven Zeit mehr Gewicht.

In der High-School waren Mapitas Jungen sehr beliebt. Sie hatten Führungspositionen in ihren Teams, in verschiedenen Clubs und Organisationen. Samuel saß im Ausschuß der National Honor Society, spielte in der Band die Trompete und war Schulsprecher. Jacob gehörte dem Team an, das Scheinprozesse veranstaltete, spielte Saxophon und war Mitglied im Ausschuß der Vereinigten Schülerschaft. Beide Jungen engagierten sich auch im MEChA-Club, der sich mit den Problemen der Latinos am Ort befaßte. Im Haus der Sanchez' läutete ständig das Telefon.

Ihr Haus sollte eine Zufluchtstätte sein, ein sicherer Ort, wo jeder er selbst sein konnte, dem Urteil der Welt entzogen und geschützt vor dem hektischen Tempo des Alltags. Spiritualität und Bibelstudium waren ihnen wichtig. Zum Tagesbeginn gab es eine Bibellesung, und der Sonntagvormittag war ausschließlich der Familie vorbehalten.

Dann wurde das Telefon ausgesteckt, und die drei saßen ungefähr eineinhalb Stunden am Küchentisch und redeten. Zuerst, vielleicht zehn Minuten lang, diskutierten sie über ausgewählte Bibelverse und wandten deren Sinn auf Ereignisse in ihrem Leben und auf ihre Zukunftspläne an. Dann hielten sie Familienrat und besprachen die Angelegenheiten der kommenden Woche: Welche Veranstaltungen standen im Terminkalender, wer mußte wohin fahren, wer mußte was tun? Auch den Sonntagabend verbrachten sie häufig zusammen. Ein Familienmitglied erhielt die Aufgabe, im örtlichen Videoladen einen zum Denken anregenden Film auszuleihen. Ein Film über das Kriegsgerichtsverfahren gegen einen schwarzen West-Point-Kadetten wurde zum Anlaß für eine ausführliche Diskussion und hatte Nachwirkungen, die weit über den sonntäglichen Kinoabend der Sanchez' hinausgingen.

Mapita sieht ihr Heim als Heiligtum, und sie verteidigt diesen Zustand entschlossen. Das Telefon hat keinen Anrufbeantworter, und sie zieht gern mal den Stecker heraus, nicht nur am Sonntag. Mapita hat auch nicht das Gefühl, sie müsse unbedingt ans Telefon gehen, wenn sie sich gerade ausruht. Sie und die Jungen haben im täglichen Leben regen Kontakt zu Freunden und Kollegen, und sie betrachten die Zeit zu Hause als Gelegenheit zum Abschalten.

Die Idee vom Heiligtum beschränkt sich nicht nur auf ihre Kernfamilie. Wenn Verwandte zu Besuch kommen, werden sie herzlich willkommen geheißen und können bleiben, so lange sie wollen. Ein Freund, der in Not ist, kann bei ihnen übernachten, solange es nötig ist. Zum Beispiel Daniel. Er war so alt wie die Zwillinge und war von seinem Vater und seiner Stiefmutter zu Hause hinausgeworfen worden. Die Sanchez' ließen ihn fühlen, daß er in ihrem Heim einen sicheren Hafen hatte. Daniel und die Zwillinge wurden gute Freunde, weil sie alle im Ringerteam waren. Aber zu Hause kam er einfach nicht zurecht; seine patzigen Antworten und seine Missetaten brachten ihm die verschiedensten Strafen ein, einschließlich des Befehls, den ganzen Vorderrasen mit einer Schere zu »mähen«. Als Daniel seinen Rucksack packte und auszog, setzten sich die Jungen zu Hause bei Mapita für ihn ein. Sie wußten, daß Daniel es einrichten konnte, zu seiner leiblichen Mutter zu ziehen, deshalb würde er nur ein paar Wochen bei ihnen bleiben müssen. Daniel war ihr sympathisch, obwohl sie wußte, daß er schwierig sein konnte. Und so kam es, daß Daniel sich entspannte, sobald er wußte, daß er bei Mapita, Samuel und Jacob wirklich willkommen war. Er war höflich und hilfsbereit, und Mapita hätte nicht einmal etwas dagegen gehabt, ihn bis zum Schulabschluß zu behalten, wenn das nötig gewesen wäre.

Leben Sie langsam, und wenden Sie sich nach innen.

13. Kapitel

Lieben Sie andere wie sich selbst;
finden Sie sich mit Unsicherheit ab

Alle großen Weltreligionen haben den Gedanken gemeinsam, daß man anderen Menschen die gleiche Beachtung schenken sollte, die man selbst erhalten möchte. Selbstlos zu sein ist nicht immer leicht. Eltern können zeigen, wie man liebt, indem sie Schranken einreißen und Distanz überwinden.

Liebe muß nicht durch übertriebene Zärtlichkeit bewiesen werden; die Eltern müssen ihre Kinder auch nicht verwöhnen und ihnen ständig etwas schenken. Das Tao spiegelt sich eher in der Freude aneinander, in Fürsorge und Achtung. Kluge Eltern wissen, daß man jedem Kind die Fürsorge anders zeigen muß. Alle Geschenke müssen auf den Empfänger zugeschnitten sein, wenn sie eine Bedeutung haben sollen. Geschenke müssen nicht teuer sein; sie müssen aber zeigen, daß der Schenkende sich Gedanken gemacht hat. Etwas von sich selbst zu geben kann die größte Bedeutung haben. Für Eltern ist es auch sehr wichtig, daß sie sich selbst lieben lernen. Wer unter geringem Selbstbewußtsein leidet, kann nur schwer auf andere zugehen.

Kluge Eltern wissen auch, daß die Tage mit lebhaften Kindern selten genau so verlaufen, wie es geplant war. Regeln und Entscheidungen sind wichtig, aber die Unternehmungen einer Familie können selten ehernen Gesetzen folgen. Der Einfluß der verschiedenen Charaktere, Unterbrechungen, auch Pläne, die von außerhalb der Familie kommen, können den Dingen einen anderen Verlauf geben. Natürlich können auch Sie selbst plötzlich Ihre Meinung darüber ändern, wie es laufen soll.

Respektieren Sie Ihre eigene Persönlichkeit, und seien Sie stolz darauf, Eltern zu sein. Lernen Sie, daß Veränderung eine Konstante des Lebens ist.

Einmal gab es ungewöhnliche Winterferien für die Familie Williams. Anstatt die übliche Weihnachtsfeier zu Hause vorzubereiten, beschloß die Familie zu verreisen. Schon Monate zuvor vereinbarten sie, daß es für die einzelnen Familienmitglieder keine großartigen und teuren Geschenke geben würde. Anstatt Geschenke zu kaufen, sollte jeder für die anderen drei Familienangehörigen selbst etwas machen. Das Geld, das normalerweise für Geschenke ausgegeben wurde, sollte gespart und für eine Reise nach England verwendet werden. Lew und Margaret hatten in ihren ersten Ehejahren einmal einen Urlaub in Großbritannien verbracht und geschworen wiederzukommen. Wenn man am ersten Weihnachtsfeiertag abflog, verringerte sich der Flugpreis beträchtlich, und die Familie Williams hatte mit diesem Datum kein Problem, weil es bei ihnen Tradition war, schon am Heiligen Abend Weihnachten zu feiern und die Geschenke auszupacken.

Die Geschenke waren nichts Großartiges, aber alle freuten sich über sie. Cynthia machte Halsketten und malte Bilder. Patrick schrieb Geschichten und zeichnete Cartoons. Margaret bastelte kleine Modelle, darunter das Modell eines Käse- und Weinbuffets für Lew. Und Lew schrieb eine schöne Geschichte für seine Frau, die erste, die sie je von ihm bekommen hatte. Sie war zu Tränen gerührt.

London war kalt und verregnet, Windstöße drehten die Schirme um, und heftige Regengüsse sorgten für nasse Füße. Die Wohnung, die man den Williams' anfänglich zuwies, hatte verspiegelte Wände und Decken, und Schaben liefen darin spazieren. Sie fanden zwar England und das Leben in London alle sehr interessant, aber so richtig hingerissen von den Zuständen war keiner.

Aber es war, trotz mancher Mängel, ein wunderbarer Urlaub. Lew und Patrick gingen mit einem geplatzten Couchpolster und einer toten Küchenschabe als Beweismitteln zum Verwalter des großen Apartmenthauses, und der fand eine sauberere, hübschere und sogar ein wenig größere Wohnung für die Familie Williams. Die freundschaftliche Atmosphäre, die durch die selbstgemachten Geschenke entstanden war, gedieh in der fremden neuen Umgebung noch weiter, als sie gemeinsam versuchten, aus ungewohnten Fahr- und Stadtplänen klug zu werden und dem schlechten Wetter zu trotzen. Sie lasen Reiseführer und Bücher über britische Geschichte. Jedes Familienmitglied durfte ein paar Unternehmungen aussuchen. Cynthia wählte das British Museum und ein italienisches Restaurant. Patrick entschied sich für ein riesiges Spielwarengeschäft, wo er einen Gummiarm kaufte, und für den Tower, wo er die verschiedenen Typen und Größen der Rüstungen studierte. Lew wählte ein Konzert mit klassischer Musik und ein Pub, das nach seinem geliebten Sherlock Holmes benannt war. Und Margaret entschied sich für eine Stadtrundfahrt im Doppeldeckerbus und für die National Gallery mit ihren hohen Räumen und den riesigen Gemälden. Sie hatten zwar vorgehabt, während ihrer langen Woche in England auch aus London heraus aufs Land zu fahren, erkannten aber bald, daß sie dafür ein anderes Mal wiederkommen müßten.

Es war schön, die Stadt zu erkunden, aber genauso denkwürdig war das Leben in der gemieteten Wohnung mit dem Blick auf die Bauten der City, der eigenartigen Badewanne auf Füßen, den geheizten Handtuchstangen, dem Klosett mit Kettenspülung und mit diversen großblumigen Tapeten. Die britischen Fernsehshows gefielen ihnen, die Mahlzeiten, zusammengestellt aus Zutaten, die in ungewohnten Läden gekauft waren, schmeckten gut, und die warmen Räume, die Schutz vor dem unfreundlichen Wetter boten, hatten ihren eigenen Reiz für eine Familie aus dem

Südwesten der USA. Der Silvesterabend senkte sich früh auf London herab, und die ganze Familie war glücklich, daß sie zusammen das Neue Jahr erwarten konnten.

Nehmen Sie sich selbst nicht zu ernst.

14. Kapitel

Der Weg ist schwierig;
lernen Sie aus der Vergangenheit

Kluge Eltern berücksichtigen bei ihren Entscheidungen die Vergangenheit. »Alt« bedeutet nicht unbedingt »veraltet«. Das Nachdenken über die Bräuche der Vergangenheit kann bei der Überlegung, was man in der Gegenwart am besten tun sollte, hilfreich sein.

Vermitteln Sie Ihren Kindern Kenntnisse über die Familie: ihre Religionen, ihre Geschichte, ihre Symbole, Erzählungen, Werte und Sprachen. Lassen Sie die Großeltern ihre Lebensgeschichten erzählen, um bei den Kindern ein tieferes Verständnis und eine größere Anerkennung für das Leben anderer zu fördern.

Als Dot und John ein Jahr verheiratet waren, wollten sie mit den Kindern in den Mittelwesten fahren, um alle Verwandten auf beiden Seiten der Familie zu besuchen. Sie wünschten sich, daß ihre Kinder einige der Erfahrungen machten, an denen sie selbst in ihrer Jugend Freude gehabt hatten.

Die Familie startete mit ihrem Kombi in Kalifornien, machte zum erstenmal Station in Phoenix und fuhr dann zum Grand Canyon. Dann durchquerten sie Amerika, wobei sie immer auf Campingplätzen übernachteten. Sie besuchten noch Johns Zimmerkameraden vom College in Chicago, bevor sie Johns Elternhaus im Süden von Illinois ansteuerten.

Die Wurzeln ihres Vaters aufzuspüren war für die Familie ein roter Faden bei dieser Reise. John verbrachte seine frühe Kindheit mitten im Herzen der Vereinigten Staaten. Er wuchs auf einer

Farm auf, und seine Familie war zwar arm, hielt aber immer die Ideale der Freigebigkeit und Frömmigkeit hoch. Sein Elternhaus war ein bescheidener Fachwerkbau, umgeben von hohen Ulmen. Alle sechs Kinder von Grandpa Ray und Grandma Pat waren zu Hause geboren. Alle, auch John, wurden im Teich neben dem Grundstück getauft. Die Kinder wohnten in dem kleinen Haus immer zu mehreren in einem gemeinsamen Zimmer. Hinter dem Haus gab es ein Außenklo, das allerdings inzwischen nicht mehr genutzt wurde. Der Lebensstil der Singletons war sehr einfach, aber sie waren bekannt für ihre Gastfreundschaft.

Als John mit seiner Familie ankam, trommelten Johns Schwester und Schwager, Martha und Larry, die Großfamilie zu einem Treffen auf ihrer Schweinefarm zusammen. Jeder brachte etwas zu essen mit, und es gab sehr abwechslungsreiche Mahlzeiten: die verschiedensten Aufläufe und Salate zum Hauptgericht, einem riesigen Schinken. Obstkuchen und Pasteten bildeten den Abschluß. Als alle fertiggegessen hatten, spielten zwei Tanten auf dem Klavier und der Orgel, und alle versammelten sich um sie herum und sangen in schöner Eintracht etwa zwei Stunden lang Kirchenlieder, und zwar alle Strophen auswendig.

Auf der Heimreise fuhr die Familie durch Texas und besuchte die Zwillingsschwester von Johns Mutter, Tante Bea, und ihre ältere Schwester, Tante Helen. Die beiden Großtanten verbrachten Stunden damit, die Mädchen in ihre Rezepte einzuweihen und ihre Geheimtips für die besten Plätzchen, Kuchen und Salate weiterzugeben. John konnte der Versuchung nicht widerstehen, seine unverheirateten Tanten, beide pensionierte Lehrerinnen, in religiöse Debatten zu verwickeln. Als sie schließlich heimfuhren, sagte er zu Dot, er habe sie aufrütteln wollen. Aus späteren Briefen erfuhr Dot, daß sie nach ihrem Besuch lange für ihren neuen Mann und seine Ehe gebetet hatten.

Als John sich entschieden hatte, Ingenieur zu werden, waren

seine Eltern überrascht gewesen, denn sie hatten ihm eine ganz andere Richtung nahegelegt. Sie hatten sich für ihn eine Zukunft als Geistlicher vorgestellt oder als Missionar in einer entlegenen Gegend der Welt. Seine religiöse Erziehung hat sein Leben auch wirklich stark beeinflußt. Die Singletons sind sehr aktiv in der Kirchengemeinde und opfern gern ihre Zeit, um anderen zu helfen. Und als ihre Kinder heranwuchsen, setzten sie die Familientradition fort und kümmerten sich um andere, teils von Berufs wegen, teils in der Freizeit.

Achten Sie auf die alten Wege, denn sie bringen
Verständnis für die Gegenwart.

15. Kapitel

Seien Sie vorsichtig, zurückhaltend, flexibel, ehrlich und anständig

Kluge Eltern denken nach, bevor sie mit ihren Kindern sprechen oder etwas tun. Sie beachten ihnen gegenüber die gleichen Formen der Höflichkeit wie Erwachsenen gegenüber. Sie bleiben ruhig, wenn es um persönliche Angelegenheiten und Beziehungen geht, und begeistern sich für alles, was man entdecken und lernen kann. Kluge Eltern können je nach den Umständen das Tempo wechseln, und sie wissen, daß die Beziehungen zu verschiedenen Kindern nicht unbedingt gleich sein müssen. Ehrlich zu sein ist wichtig im Umgang mit Kindern, denn sie hören falsche Töne heraus und haben etwas gegen unehrliche Bemerkungen.

Manche Leute halten sich für »geborene« Eltern, weil sie die Ältesten in der Geschwisterreihe waren. Sie sind daran gewöhnt, anderen zu sagen, was sie tun und lassen sollen. Es ist aber so, daß Eltern desto mehr lernen können, je »unwissender« – das heißt offener – sie sind.

Machen Sie Ihren Kindern unbedingt den Unterschied zwischen richtig und falsch klar, aber denken Sie daran, daß Ihre Kinder von einer Diskussion mehr haben als von einem Vortrag. Seien Sie ehrlich mit Ihren Kindern. Hüten Sie sich vor einseitigen Darstellungen, leeren Drohungen, falschen Versprechungen und unehrlichem Lob.

Als Samuel und Jacob auf die High-School kamen, waren sie schon mancher Versuchung gegenüber gefestigt. Dennoch fuhren sie gelegentlich mit dem Auto, als sie erst in der siebten Klasse waren. Der Bruder von Mapitas Exmann war in der Baubranche und arbeitete auf verschiedenen Baustellen in der Nähe. Er hatte die Zwillinge wirklich gern und lud sie ein, mit ihm auf das eine oder andere Baugelände zu kommen. Er wußte, daß es für Halbwüchsige sehr verlockend war, mit einem Pickup über das Gelände zu brausen. »Steig ein, Samuel«, war eine Einladung, die man nicht ablehnen konnte.

Mapita war in vielen Dingen anderer Meinung als Onkel Frank. Er wollte durch sein Beispiel und seine derbe Ausdrucksweise die Jungen zu Machos erziehen. Er war durchaus imstande, den Jungen 20-Dollar-Scheine auszuhändigen, um ihnen eine Freude zu machen, und in seinem Haus durften sie tun und lassen, was sie wollten. In vieler Hinsicht war er ein ehrlicher, guter Mann. Er zeigte übertriebenen Stolz darauf, daß er Italiener war, und machte sich oft über die Mexikaner lustig. Mapita wußte, wie rücksichtslos er sein konnte, und war deshalb nicht überrascht, als sie erfuhr, daß Ihre zwölfjährigen Söhne auf Onkel Franks Bauplätzen herumfuhren. Aber sie war ganz und gar nicht glücklich darüber. Frank sagte nur: »Reg dich nicht auf, Mapita. Das bringt sie schon nicht um.«

Mapita fand das ganze heraus, als sie eines Abends von der Arbeit heimfuhr und sah, wie Samuel auf einem Baugelände einen Pickup parkte. Sie überschüttete ihren Sohn nicht mit Vorwürfen, sondern sprach ganz ruhig mit ihm. Er weiß noch gut, daß sie ihn wie einen Erwachsenen behandelte, und wie sie die Sache durchsprach. Sie bat ihn, ihr zu sagen, welche Gefahren er selbst sah. Samuel versicherte seiner Mutter, sie brauche sich keine Sorgen zu machen, aber er erzählte ihr auch, welche Befürchtungen er selbst gehabt hatte. Mapita erwähnte während des Gesprächs auch, daß sie in der Zeitung von einem Unfall gelesen hatte: Ein Gabelstaplerfahrer war auf einer schlammigen Baustelle mit seiner Maschine umgekippt und ums Leben gekommen.

Am Ende mußte Samuel selbst entscheiden, wie es weitergehen sollte. Er war damit einverstanden, seinem Onkel zu sagen, daß er nur bei bestimmten Arbeiten helfen könne. Er wolle nicht mehr Auto fahren, bis er seinen Führerschein hätte.

Ein stilles Wasser wird klar.

16. Kapitel

Erforschen Sie Ihre eigene Geschichte, um andere Menschen zu verstehen

Kluge Eltern erforschen ihre Herkunft und sagen, was sie über die Vergangenheit denken. Es wird nicht immer möglich sein, die Heimat der Vorfahren zu besuchen. Aber es ist auf jeden Fall eine Bereicherung, wenn man entdeckt, wie die Kulturen weit entfernter Orte und längst vergangener Zeiten auf die Gegenwart einwirken. Das Erbe, das ein Mensch in sich trägt, und der Bildungsstand der Familie haben immer Einfluß auf Ton und Inhalt dessen, was die Eltern sagen, darauf, wann und wie sie etwas tun, und darauf, welche Dinge sie wichtig nehmen und welche nicht.

Nehmen Sie sich die Zeit, Ihr eigenes Erbe zu erforschen; fragen Sie andere und nutzen Sie die Möglichkeiten, per Computer zu suchen. Schreiben Sie Ihre Autobiographie, oder sprechen Sie sie auf Band. Fügen Sie alles Neue sofort hinzu, und denken Sie immer darüber nach, wie sich Ihre Erfahrungen auf Ihre Einstellung zum Leben auswirken. Zum Anfang können Sie etwas Einfaches beschreiben. Schildern Sie, wo Sie als Kind gespielt haben, und zeichnen Sie eine Karte dazu. Auch die bescheidensten Dinge können ein Schatz sein, den Sie mit Ihren Verwandten und mit Ihren Kindern gemeinsam besitzen.

Kate und Carl haben mit Bedacht Ideale und kulturelle Traditionen ausgewählt, die sie auch in ihrer Familie hochhalten wollen. Dabei versuchen sie, die besten Züge zweier Kulturen miteinander zu vereinigen. Kates Mutter stammt aus Mexiko, und die ganze Familie bewahrte die Traditionen der mexikanischen Kultur. Als Studentin schrieb Holly in einem Aufsatz über Robert Frosts Worte »Zwei Wege trennten sich in einem gelben Wald« über ihre Urgroßmutter:

> Im Jahr 1901 war eine junge Frau namens Francisca Armendariz in einer ähnlichen Situation; sie kam an einen Scheideweg, und ihre Entscheidung würde ganze Generationen beeinflussen. Der sichere Weg verlief geradeaus in ihrer Heimat Mexiko, mit der Familie und den Freunden. Der andere bog scharf ab und führte durchs Dickicht, so daß sie ihre Zukunft in einem fremden Land, dessen Sprache sie nicht verstand, kaum ahnen konnte.
> Trotzdem entschied sich dieses tapfere Herz für den wenig begangenen Weg, der sich nach dem Schritt ihrer behutsamen Füße sehnte. So überquerte meine Urgroßmutter, auf einem Fuhrwerk versteckt, die mexikanische Grenze und kam in die Vereinigten Staaten, am gleichen Tag, als Präsident McKinley ermordet wurde.

Kates früheste Kindheitserinnerungen reichen zurück ins Haus ihrer Großeltern an der Greenwood Street, nur eine Straße entfernt von Carls und Kates ebenerdigem Holzhaus. Damals hieß sie für alle Katie. Ihre Großmutter wurde Mamachita genannt, und Großvater hieß Papa Au, aus Gründen, die man den Enkelkindern nie erklärte. Ihr Heim war ein geräumiges Holzhaus am Ende der Straße, umgeben von Obstbäumen verschiedener Sorten – Feigen, Guaven, Kumquats, Loquats, Orangen und Sapote. Dort zogen sie zwölf Kinder auf, sieben Söhne und fünf Töchter. Diese Kinder, Kates Mutter, Tanten und Onkel, kamen als Erwachsene immer wieder, zum Teil täglich, um die Eltern zu besuchen, um zu kochen oder den Eltern zu helfen. Die Tür war nie verschlossen. Das Haus war nie leer. Mehr als fünfzig Jahre lang lag hier der Mittelpunkt der Familie.

Von den fünf Schwestern hatte nur Kates Mutter, Carmella, je außer Haus gearbeitet. Ihr Mann war schwer krank geworden, als Kate und ihre Geschwister noch klein waren. Carmella wußte, daß ihr Elternhaus für ihre Kinder immer einen sicheren Hafen darstellte, vor der Schule, in der Mittagspause, nach dem Unterricht. Ein paar von den Onkeln und Tanten waren immer da. Onkel Pete arbeitete als Arzt ganz in der Nähe. Onkel Albert war Architekt. Onkel John hatte eine Druckerei in der Nachbarstadt, die Tanten Celia und Martha arbeiteten zu Hause.

Das Mittagessen bei Mamachita und Papa Au war immer ein großes Ereignis; es waren immer eine Menge Familienmitglieder da. Das Menü änderte sich *nie:* Es gab selbstgemachte Tortillas, Lammkoteletts, Bohnen, Chili und Reis. Jeden Tag. So wollte es Papa Au, und alle waren einverstanden. Es schmeckte wunderbar, und jeder war zufrieden.

Der Zusammenhalt in der Familie Gonzalez war eng. Jeden Samstagmorgen fuhr einer der Onkel von Haus zu Haus und sammelte die Nichten und Neffen aus der Nachbarschaft ein. Die Kinder arbeiteten den ganzen Vormittag im Obstgarten der Großeltern. Die größeren kehrten den Schmutz um die Bäume herum zusammen; sie ließen die Besen kreisen und hielten den Boden sauber. Die kleineren mußten das Fallobst sammeln und im Haus saubermachen. Die Großmutter machte in der Küche Tortillas.

Man begegnete den Großeltern mit Respekt und legte großen Wert auf die häufigen Familienfeiern und -treffen. Am Heiligen Abend kam die ganze Großfamilie zusammen und wartete gemeinsam auf den Weihnachtsmann. Jedes Kind konnte sich als etwas Besonderes fühlen, wenn Santa Claus es beim Namen nannte und ihm ein buntverpacktes Geschenk überreichte. Die Tanten brachten Tabletts mit Tamales, die sie seit Tagen vorbereitet hatten. Die meiste Zeit sangen dann alle zusammen traditionelle Weihnachtslieder, von *The Twelve Nights of Christmas* bis

Stille Nacht. Nach Mitternacht gingen alle nach Hause und hatten den Feiertag mit mindestens neunundneunzig der am Ort wohnenden Verwandten verbracht.

Mamachita und Papa Au leben nicht mehr, aber die Geschichten und gewisse Ideale leben weiter. Die Zahl der Familienmitglieder hat sich allerdings verringert, es gibt nur noch Kleinfamilien. Holly und Corey haben das alles zum Teil miterlebt; vieles haben sie auch nur aus zweiter Hand erfahren. Sie haben für viele der Werte, die ihre Familie hochhält, Verständnis entwickelt. Und sie haben gesehen, wie diese Werte sich mit den Idealen anderer Menschengruppen überschneiden oder auch decken. Leute messen verschiedenen Idealen unterschiedlichen Rang zu, aber es herrscht Einigkeit darüber, daß es sich um Ideale handelt. Am Weihnachtsabend findet noch immer eine Santa-Claus-Party statt, allerdings nicht mehr im alten Haus der Familie. Viele Verwandte kommen per Flugzeug zu einer von Kates Schwestern im Norden von Kalifornien. Die Zwillinge Carmella und Patti, Kates Schwestern, tun sich zusammen und veranstalten eine gigantische Party für die Familie und enge Freunde. Noch immer werden die Alten geehrt, und alle Kinder und Enkel bemühen sich sehr aufmerksam um Kates Mutter, die seit einem Schlaganfall im Rollstuhl sitzt. Bei jedem Familientreffen kann man beobachten, daß eins der Enkelkinder lange neben dem Rollstuhl von Großmutter Carmella sitzt und mit ihr redet. Señora Carmella wohnt nahe bei Tina, Kates älterer Schwester, und auch andere Familienmitglieder besuchen sie mehrmals die Woche.

Bräuche halten sich; jede Familie und jede Generation wandelt sie ab. Aber sie werden verewigt durch Geschichten, die immer wieder erzählt werden, und durch Bilder, die immer wieder gezeigt werden. Kate hält die geliebten Erinnerungen lebendig, indem sie bestimmte Bilder an die Wand hängt und die anderen in einer besonderen Schachtel aufhebt, und indem sie immer wieder die Familiengeschichten erzählt und über die Traditionen spricht. Immer und immer wieder.

Erforschen Sie Ihre Geschichte, um die der anderen zu verstehen.

17. Kapitel

Vertrauen Sie anderen, und sie werden Ihnen vertrauen

Vertrauen kann nicht überleben, wo es Kritik, Mißtrauen und Angst gibt – oder Unwissenheit. Wenn Eltern ihren Kindern Respekt entgegenbringen, dann können auch die Kinder ihre Eltern mit angemessener Achtung behandeln. Die Eltern-Kind-Beziehung im Tao fördert gemeinsames Tun; die Eltern sollen nicht die Rolle des wichtigen Gebers und Machers spielen. Wenn Eltern über die persönlichen Interessen und Hobbys ihrer Kinder Bescheid wissen, können sie dieses Wissen in die Planungen für das Familienleben und die gemeinsamen Unternehmungen einbringen.

Vertrauen Sie darauf, daß Ihre Kinder für ihr Leben und ihre Entwicklung selbst die Verantwortung übernehmen. Dieses Vertrauen macht es ihnen möglich, die elterlichen Erwartungen zu erfüllen.

Cynthia machte als Teenager schwierige Zeiten durch. Ihre Probleme überraschten Margaret, die es ihrerseits beim Erwachsenwerden nicht schwer gehabt hatte. Was konnte da so schwierig sein, nachdem ihre intelligente Tochter doch so viel mehr »auf dem Kasten« hatte als sie selbst? Margaret erinnerte sich, daß sie als Teenager vorgehabt hatte, zu heiraten und vier Kinder zu bekommen. In ihrem Lebensentwurf war ein Job nur etwas, was man in den paar Jahren zwischen College und Heirat ausübte; Karrierepläne waren damals hauptsächlich den Männern vorbehalten. Sie machte sich klar, daß das Privat- wie auch das Berufsleben inzwischen sehr viel komplexer geworden war, voller Verantwortung, Überraschungen und Unsicherheit. Margaret hatte ihre Entscheidungen getroffen, als es nötig wurde; sie hatte nicht schon Jahre vorher darüber gegrübelt.

Cynthia andererseits quälte sich gleich mit mehreren wichtigen Entscheidungen: auf welches College sie gehen sollte, wie sie später leben wollte, welche Karriere sie verfolgen sollte. Im Gegensatz zu ihrer Mutter wuchs sie in einer Zeit heran, als man von einer Frau alles erwartete: Sie sollte Karriere machen, eine wunderbare Ehefrau und liebevolle Mutter sein und repräsentieren können – und zwar alles gleichzeitig.

Margaret erkannte, daß sie in ihrem Eifer, Cynthia alle kulturellen Möglichkeiten zu bieten, die sie selbst genossen hatte, versäumt hatte, auf die Vorlieben ihrer Tochter einzugehen. Margaret wußte nicht, welche Musik, welches Essen, welche TV-Shows und welche Beschäftigungen Cynthia mochte. Als Margaret endlich beschloß, sich dafür Zeit zu nehmen, standen ihr viele Überraschungen bevor – einige angenehme, einige weniger angenehme.

Um ihre Tochter besser kennenzulernen, ging sie mit ihr in die Marlborough Street. Cynthia war mit ihren Freunden schon oft dort gewesen, aber Margaret kannte die Örtlichkeit nur vom Hörensagen. In der Straße wimmelte es von jungen Leuten in Stiefeln mit dicken Sohlen, in zu großen Jeans und zu kurzen Kleidern, mit dickem Make-up und Punk-Frisuren mit lila oder giftgrünen Strähnen. Die Verkäufer und Verkäuferinnen in den Läden waren den Kunden in Kleidung und Auftreten sehr ähnlich. Aber Margaret bemerkte überrascht, daß die Angestellten gewählt sprachen und sich höflich benahmen.

Was man in den Läden kaufen konnte, traf nicht gerade ihren Geschmack. Enge Polyester-Kleider (Wo gibt es Wolle und Baumwolle?), meist in Schwarz (Wo sind die kleidsamen Farben?),

Wasserpfeifen und Raucherbedarf (Wissen die nicht, daß Rauchen schädlich ist?), Tätowierungen (Die Haut ist fürs Leben gezeichnet!) oder Piercing-Ringe (Wofür denn das? Au!). Überall dröhnte Musik (Wo war Mozart, wenn man ihn brauchte?).

Als sie sich mit Kaffee und belegten Bagels stärkten, fühlte sich Margaret wieder auf sicherem Boden. »Ist es hier nicht großartig?« rief Cynthia. Und Margaret antwortete: »Ja. Ich bin froh, daß ich hergekommen bin.« Das alles kam ihr zwar immer noch befremdlich vor, aber sie konnte jetzt verstehen, warum es ihrer Tochter gefiel. Das ganze Ambiente war interessant und belebend, festlich und freundlich. Es erinnerte sie daran, wie sie als Teenager durch die Innenstadt gezogen war.

Margaret hörte sich auch Kassetten und CDs von Cynthias Lieblingsgruppen an. Nach allzu vielen Jahren, in denen sie die Musik nur durch Cynthias Zimmertür (Bitte, mach das leiser!) oder als gedämpftes Dröhnen aus ihrem Walkman gehört hatte, faßte sich Margaret ein Herz und hörte der Musik wirklich zu, teils mit Cynthia zusammen, teils auch allein. Sie entdeckte, daß es da viele Nuancen gab, die sie nie hatte würdigen können.

Auch die Lektüre eines Buches über Tätowierungen trug dazu bei, ihr die Augen zu öffnen. Die schönen Fotografien zeigten die künstlerischen Seiten der Angelegenheit. Bis dahin hatte sie Tätowierungen nur mit Seeleuten und Häftlingen assoziiert. Cynthia sagte: »Mama, warum läßt du dir nicht auch eine machen?« Und Margaret antwortete: »Wenn, dann möchte ich wahrscheinlich ein Maiglöckchen haben. Aber lieber nicht. Du wirst mich wohl trotzdem gern haben.«

Glauben Sie aneinander.

18. Kapitel

Wenn man dem Weg nicht folgt oder wenn in der Familie keine Harmonie herrscht, entsteht Heuchelei

Im Tao werden Entscheidungen in der Familie getroffen, nicht von Kräften außerhalb der Familie. Wenn die Familienharmonie bedroht oder verlorengegangen ist, können Handlungsweisen und Bräuche Außenstehender Einfluß gewinnen, die nicht zum Tao passen und ihm möglicherweise schaden.

Auf lange Sicht sind Außenstehende nur hilfreich, wenn sie einen beim Nachdenken und bei der eigenen Entscheidungsfindung unterstützen. Die Stimmen fremder »Fachleute«, die einem erzählen, was man tun soll, können noch zusätzliche Verwirrung stiften.

Folgen Sie Ihrem eigenen Gefühl, wenn andere Ihnen sagen, was Sie tun sollen. Sie werden den Weg finden.

Johns Exfrau Nancy (mit der John ja drei Kinder hatte) schlug vor, Weihnachten zusammen als eine große, erweiterte Familie zu feiern. John ist ein umgänglicher Mensch, und Dot will es sowieso immer allen recht machen, also probierten sie es aus. Sie trafen sich alle zu einer großen Weihnachtsparty in Nancys Haus, und weil es ein gastfreundliches Haus ist, funktionierte es auch. Trotzdem war die Atmosphäre gespannt. Johns Kinder wünschten zwar sehr, daß sie sich alle als »eine einzige, große, glückliche Familie« fühlten, und wollten gern, daß Nancy mitkam, wenn sie verreisten. Aber John und Dot fühlten sich dabei unbehaglich. Also wurde Nancy zu den üblichen Familientreffen nicht eingeladen. Das war den Kindern nicht recht, aber John und Dot blieben dabei.

John und Dot entschieden, daß bei größeren Ereignissen wie Examensfeiern und Hochzeiten sowohl die leiblichen als auch die Stiefeltern dabeisein sollten. John hält telefonischen Kontakt mit Nancy, wenn es um wichtige Entscheidungen oder Geldangelegenheiten geht, und sie hat es über sich gebracht, ihm dafür zu danken, daß er so ein guter Vater ist.

Dots Exmann andererseits hat schon mehrere Entziehungskuren und drei weitere Ehen hinter sich. Er wird aus dem Leben seiner Kinder herausgehalten. Dot findet das zwar nicht ideal, aber sie ist in dieser Beziehung ein gebranntes Kind. Ihre eigene Mutter und ihr Stiefvater hatten mit überfallartigen Besuchen von Dots Vater, Martin, leben müssen. Er tauchte einfach plötzlich auf und blieb, manchmal gleich zwei Wochen lang. Als Dot später – nun als Mutter – die gleichen Erfahrungen machen mußte, merkte sie, daß es ganz unglaublich großzügig von ihren Eltern war, das zu erlauben, nur damit Dot und ihre Schwester ihren »wirklichen« Vater kennenlernen konnten. Sie war zwar froh, daß sie ihren Vater kannte, aber als sie es als Erwachsene mit einer ähnlichen Situation zu tun hatte, fand sie es doch unzumutbar, ihren Exmann längere Zeit um sich zu haben.

Holen Sie sich Informationen an der Quelle – Ihrem inneren Selbst. Wenn persönliche Beziehungen unecht werden, entsteht Schaden.

19. Kapitel

Reduzieren Sie Ihre Bedürfnisse und Ihren Egoismus

Im Tao lassen die Eltern nicht einen ganzen Zirkus kommen, wenn ein Bilderbuch auch reicht. Manche Menschen wollen immer mehr haben. Das ist eine Falle. Sobald der eine Wunsch erfüllt ist, schreien die anderen nach Befriedigung. Väter und Mütter nehmen oft Zusatzjobs an, um diese »kleinen Extras« für ihre Familie bezahlen zu können. Sie belasten sich mit immer mehr Besitztümern und vergessen, was eine Familie wirklich ausmacht. Ohne gemeinsam verbrachte Zeit wird das Familienleben hohl.

Wenn Sie kluge Eltern sein wollen, strapazieren Sie nicht Ihre finanziellen und physischen Ressourcen, um »Glück« zu finden.

Dot ist die Finanzministerin ihrer Familie. Sie sagt dazu: »Ich verstehe nicht viel von Geld. Ich überlege einfach, wie wir die Dinge kaufen können, die wir brauchen, oder wie wir das Geld für unsere Unternehmungen verdienen können. Geld ist nur ein Mittel, kein Ziel. Wir möchten Freude am Leben und aneinander haben, und irgendwie passiert immer wieder ein kleines Wunder. Wir fürchten uns aber auch nicht vor harter Arbeit.«

Als die Kinder noch sehr jung und John und Dot frisch verheiratet waren, hatten sie ein Familienauto mit dem Spitznamen »Grüne Mistkarre«, einen gebrauchten Ford Kombi, billig gekauft und scheußlich grün lackiert. Er war häßlich, da waren sich alle einig, aber er erfüllte seinen Zweck; man konnte darin fünf Kinder samt Freunden unterbringen, wenn man an den Strand, in den Park oder zum Naturlehrpfad fahren wollte. Im Lauf der Jahre wurden andere Autos angeschafft, je nach dem Zweck, den sie für die Familie erfüllen sollten. Praktisch mußten sie sein, ganz bestimmt nicht protzig. Die Kinder beschwerten sich nie über den Fuhrpark aus alten Lieferwagen und Jeeps und einem gebrauchten Campinganhänger, denn er bot viele Möglichkeiten für gemeinsame Abenteuer.

Dot und John halten es für wichtig, ihren Kindern Erfahrungen zu geben, nicht Geld oder Sachen. Sie kauften eine einfache Hütte in den Bergen von Utah, wo die Familie fern von allen Pflichten zusammen sein, sich im Wald amüsieren, im Schnee spielen und Ski fahren konnte. Dabei war Zusammenarbeit unbedingt nötig, schon bei der Anreise in die abgelegene Gegend. Alle hackten gemeinsam Holz für den Kamin und hielten die Hütte in Ordnung. Von Anfang an durften auch immer Freunde mitkommen. Für John und Dot ist es wichtiger, daß die Kinder sich später an das gemeinsame Holzhacken erinnern, als daß sie sich einsam mit Videospielen abgeben. Solche einfachen Dinge gaben der Familie Gelegenheit, sich näherzukommen und sich gegenseitig ihre Zuneigung zu zeigen, ganz ohne teure Geschenke oder extravagante Urlaubsreisen.

Beweisen Sie Einfachheit, lieben Sie die Schlichtheit.
Nur so können Sie in Ihren Erfahrungen
Reichtum finden.

20. Kapitel

Sehen Sie nicht alles nur schwarz oder weiß

Urteilen Sie nicht zu streng, es kommt fast immer auf die Umstände an. Verhaltensweisen und Werte, die in einem Umfeld überzeugend wirken, können in einem anderen ihre Bedeutung verlieren. Es ist wichtig, auch Menschen außerhalb der Familie freundlich zu behandeln. Im Tao lernen die Eltern, sich gegenseitig zu akzeptieren, obwohl sie aus ihrer Vergangenheit ganz verschiedene Vorstellungen und Verhaltensweisen mitbringen. Was der eine Partner strikt ablehnt, macht dem anderen vielleicht Spaß; was der eine für eine Rücksichtslosigkeit hält, erscheint dem anderen vielleicht nur als Entschlossenheit. Eltern müssen sich ihre Verschiedenheit klarmachen und zu einer Partnerschaft kommen, die vielleicht nicht immer perfekte Übereinstimmung demonstriert, aber doch zeigt, wie Menschen einander respektieren und innerhalb gewisser Grenzen mit ihrer Uneinigkeit leben lernen können. Die Familie als Ganzes muß überlieferte Vorstellungen überprüfen und für bestimmte Dinge wie Schularbeit und Benehmen eigene Richtlinien aufstellen. Details können sich ändern, wenn sich die Bedürfnisse der Familienmitglieder ändern, aber der Rahmen bleibt bestehen.

Lernen Sie, Handlungen und Ereignisse als Teile eines größeren Ganzen zu sehen und nicht vorschnell zu urteilen. Erweitern Sie Ihren Blickwinkel, und denken Sie auch an die Zukunft, bevor Sie Entscheidungen treffen.

Margaret und Lew Williams sind ziemlich unbekümmerte Leute.

Aber Unbekümmertheit bedeutet für sie nicht, daß man Verantwortung scheut oder Versprechungen nicht einhält. Als Cynthia und Patrick in der Grundschule waren, schlossen sich beide den Pfadfindern an.

Obwohl beide Eltern voll berufstätig waren, übernahmen sie bei zwei Gelegenheiten die Führung der Jungengruppe, und sie halfen auch sonst, fuhren die Kinder ins Camp und machten bei verschiedenen Veranstaltungen mit. In dem Jahr, als Cynthia in einer »kooperativen« Mädchengruppe war, hielten sie sogar öfters Gruppenstunden in ihrem Haus ab. Das übernahmen sie nur, damit die Gruppe überhaupt ein Obdach hatte; die anderen Eltern rissen sich nämlich nicht gerade um die Aufgabe.

Wichtig für sie war dabei, daß sie bei dieser Gelegenheit andere Kinder im Alter ihrer Tochter kennenlernen konnten. Es war sehr beruhigend, zu sehen, daß sich andere Acht- oder Zehnjährige genauso benahmen wie ihre Tochter. Margaret und Lew trafen sich auch gern mit den anderen Eltern. So entstanden langjährige Freundschaften. Es war auch interessant, zu beobachten, wie sich jedes einzelne Kind unter verschiedenen Umständen benahm.

Als Patricks Gruppe begann, die Dinge zu lernen, die ein Pfadfinder in der freien Natur braucht, sollte ein Zeltlager veranstaltet werden, um das Gelernte in die Praxis umzusetzen. Es stellte sich aber heraus, daß sich in jenem Jahr nicht alle eine Reise leisten konnten. Also wurde das Zeltlager hinter dem Haus der Williams' errichtet. Die Jungen schlugen ihre Zelte auf dem Rasen neben dem Gemüsegarten auf, und ihre Mahlzeiten bereiteten sie auf dem Picknicktisch im Hof zu. Der Holzkohlengrill wurde in der Einfahrt aufgestellt, und zwar am Boden, damit es wie ein Lagerfeuer wirkte. Darauf brieten sie Marshmallows und Würstchen. Das Haus war tabu; nur das Bad durfte benutzt werden. Eine ideale Lösung? Nicht ganz. Patrick wurde zum Partyschreck; direkt unter den Augen der Eltern benahm er sich wie ein Monster.

Ihr wohlerzogener Sohn, der in der Schule kaum je getadelt wurde und der sich bei den normalen Pfadfindertreffen recht vernünftig benahm, war zu Hause der reinste Horror, machte alle möglichen unanständigen Geräusche, ignorierte Anweisungen, gab freche Antworten und produzierte sich bei jeder Gelegenheit. Glücklicherweise waren sie zu zweit – Lew und Margaret konnten sich gegenseitig helfen. Sie kamen überein, nicht grob zu werden, sondern Patrick beiseite zu nehmen und ihn daran zu erinnern, daß er normalerweise rücksichtsvoll und höflich war. So sollte er sich auch jetzt benehmen. Es wurde mehr als ein Gespräch nötig. Als sie später über diesen Abend nachdachten, waren sich Margaret und Lew einig, daß nur Festigkeit in Verbindung mit Freundlichkeit wirken konnte. Sie wußten glücklicherweise, wie sich ihr Sohn in anderen Situationen verhielt, und sie wußten, daß er kein schlechtes Kind war, obwohl er sich an diesem Abend wirklich schlimme Dinge leistete. Sie erkannten auch, daß für die anderen Jungen in der Gruppe das gleiche galt.

Das Leben von Eltern ist reich an schwierigen Entscheidungen, und für die meisten gibt es keine klaren Regeln. Lew und Margaret geben zu, daß manche Dinge, die ihnen falsch vorkommen, an und für sich nicht schlecht sind. Manches kann ganz prima sein … für die Kinder anderer Leute. Als Cynthia verkündete, sie wolle sich tätowieren lassen, war sie fünfzehn. Lew und Margaret sagten nein. Eine Tätowierung hätte Auswirkungen auf ihr ganzes Leben. Sie wieder zu entfernen, wenn sie davon genug hatte, würde schmerzhaft und teuer werden. Denk noch eine Zeitlang darüber nach, sagten sie. Wenn sie achtzehn sei, könne sie sich frei entscheiden.

In der Zwischenzeit sprach Cynthia oft über verschiedene Muster und welche Tätowierung sie gerne hätte. Margaret war in einer Zeit aufgewachsen, in der Schulmädchen so etwas nicht machten. Matrosen, Leute vom Jahrmarkt, Motorradfahrer – ja, aber nicht Schulmädchen aus anständigen Familien. Sie dachte, wenn Cynthia älter würde, würde sie erkennen, daß eine Tätowierung nicht zu ihr paßte. Aber die Zeiten haben sich geändert. Um ihren achtzehnten Geburtstag herum kam Cynthia mit einer kleinen Sonne auf ihrem Knöchel heim. Eine echte Tätowierung. Dauerhaft, irgendwie nett, und noch nicht die letzte.

Im Wörterbuch des Lebens stehen Ja und Nein
ziemlich nahe beieinander.

21. Kapitel

Der Weg ist da, aber schwer zu erkennen; lassen Sie sich von Ihrer Eingebung führen

Das Tao befaßt sich nicht immer mit meßbaren und sichtbaren Phä-nomenen. Genau wie Wissenschaftler ihre Ideen und Erfindungen nicht durch eine festgelegte Abfolge von Schritten und wissenschaftli-chen Methoden entwickeln, so gewinnen auch Eltern ihre Erkennt-nisse nicht durch erkennbare Zusammenhänge. Wissen wird auf viel individuellere Weise erworben, durch Intuition und Erfahrung. Vage Gefühle verleiten uns zu Entscheidungen, deren Richtigkeit sich erst später herausstellt.

Lernen Sie, Ihren eigenen Gefühlen zu vertrauen. Methoden wie Brainstorming eignen sich gut für die Entscheidungsfindung, denn sie bringen Ihre Gefühle und spontanen Gedanken ans Tageslicht. Was Sie als richtig empfinden, kann tatsächlich das einzig Richtige sein. Doch bedenken Sie: Was kurzfristig sinnvoll erscheint, kann langfristig schlimme Folgen haben.

Mapita möchte nicht, daß ihre Jungen Muttersöhnchen werden, aber sie ist immer auf ihre Sicherheit bedacht. In ihrer Stadt trei-ben einige Banden ihr Unwesen, und es hat auch schon Schieße-reien auf offener Straße gegeben. Sie überlegt sich deshalb sehr genau, was sie ihren Söhnen erlauben kann. Während seiner High-School-Zeit wollte Samuel an Halloween mit seinen Freun-den in die Nachbarstadt fahren, wo im Vergnügungspark eine »Schreckensnacht« mit allem Drum und Dran geboten wurde. Er wollte mit dem Auto hinfahren, sich dort mit den Freunden amüsieren und um zwei Uhr früh wieder heimkommen. Er sei doch wirklich alt genug, um auf sich selbst aufzupassen, argumentierte er. Aber Mapita hatte trotzdem ein ungutes Gefühl bei der Sache. Ihre ältere Schwester Karina war gerade zu Besuch und mischte sich in die Diskussion ein. Sie fand, die Jungen sollten zu Hause bleiben. Die ganze Veranstaltung schien ihr zu riskant. Aber Tante Karina lebte in einer anderen Stadt und war ein gutes Stück älter als Mapita; außerdem wußte sie kaum etwas über die »Schrekkensnacht«, die alljährlich stattfand, einen guten Ruf hatte und als sicher galt. Mapita entschied, daß Samuel zur »Schreckensnacht« gehen, aber nicht selbst fahren dürfe. Sie sagte, sie wisse, er sei ein erfahrener, vorsichtiger Fahrer und ein guter Junge. Sie wisse, er würde die bekannten Gefahrenzonen meiden, wenn er durch die zwei Städte fuhr. Aber alles in allem: nein, er dürfe nicht hin, es sei denn, er ließe sich von ihr hinbringen und wieder abholen. Ihre Entscheidung gründete sich eigentlich nicht auf Tatsachen. Die Jungen bedrängten sie, ihre Meinung zu ändern, aber ihr Entschluß stand fest. Sie wußte. Und die Jungen wußten, daß sie wußte, auch wenn es keinen triftigen Grund gab, den einer von ihnen hätte in Worte fassen können. Und wie in so mancher anderen Entscheidungssituation setzte sich ihr Instinkt durch.

Bis zwei Uhr nachts aufzubleiben war eigentlich nicht Mapitas Fall; trotzdem fuhr sie die Jungen hin und holte sie wieder ab, und es ist ihnen nichts passiert.

Andererseits ließ Mapita sich von ihrer Intuition dazu verleiten, den Söhnen entgegen ihren pazifistischen Überzeugungen den Beitritt zum Junior-ROTC (der ersten Stufe der Ausbildung zum Reserveoffizier) der High-School zu erlauben. Jeglicher Militarismus war ihr fremd, aber der Leiter der Gruppe war ein guter Mensch und bekannt für Fairneß und Besonnenheit. Sie hatte bei der Sache ein gutes Gefühl, trotz ihrer Erfahrungen und ihrer Werte. Mit der Zeit erkannte Mapita, daß die Mitgliedschaft die

Jungen positiv beeinflußte. Sie hatten Gelegenheit, Führungsrollen zu übernehmen; dabei mußten sie gut überlegen, bevor sie einen Entschluß faßten. Sie gewannen neue Freunde und wurden körperlich fit. Und was für Mapita am wesentlichsten war: Sie erkannten, wie wichtig es ist, der Gemeinschaft zu dienen.

Genauso eigenartig fand sie es zunächst, daß ihre Söhne Ringer werden wollten, als sie auf die High-School kamen. Warum wollten sie nicht schwimmen? Warum nicht laufen? Geländelaufen wäre doch viel gesünder für sie! Auf der Rennbahn mußte man nicht damit rechnen, jemanden zu verletzen. Wie konnten ihre friedfertigen Kinder einen Sport ausüben, der auf Wettbewerb und physischen Kampf hinauslief?

Das Ringen beeinflußte ihre Lebensweise; nicht nur die der Jungen, sondern auch die ihrer Mama. Plötzlich mußten sie alle drei ihr Leben um Wettkampftermine, Gewichtsgrenzen und Trainingspläne herum organisieren. Und Mapita saß auf der Tribüne, um für ihre Jungen dazusein.

Der Weg ist geheimnisvoll, doch er bildet die Moral.

22. Kapitel

Lehren Sie durch Ihr Beispiel

Die Macht des lebendigen Beispiels zeigt sich immer wieder unter ganz verschiedenen Umständen. Zu Hause dienen die Eltern als stets gegenwärtiges Vorbild.

Meistens werden Eltern zum Vorbild, und die Kinder treten in die Fußstapfen ihrer Mütter und Väter. Ganz sicher lehren Beispiele, was man nicht tun sollte. Teenager bestätigen diese Tatsache sehr häufig in Gedanken und Worten: »Das werde ich nie tun, wenn ich einmal ein Kind habe!« Nur allzu oft allerdings reiht sich dieser Satz in die »berühmten letzten Worte« ein, wenn die Kinder in neue Lebensphasen eintreten und jetzt selbst die Eltern sind.

Das Beispiel, in Worten und Taten, kann alles allein schaffen. Achten Sie gut darauf, was Sie tun und sagen.

Holly und Corey finden ihre Eltern beispielhaft wegen der Art, wie sie bei der Zeiteinteilung Prioritäten gesetzt und für die Familie und die Kinder Opfer gebracht haben.

Carl genießt die Vaterrolle. Er hat im Leben beider Kinder eine große Rolle gespielt. Kate erklärt, Holly habe das Gefühl für ihre eigene Persönlichkeit weitgehend am Beispiel des Vaters entwickelt. Ihr ist nie der Gedanke gekommen, ihren eigenen Fähigkeiten seien Grenzen gesetzt. Carl hat ihr viel Zeit gewidmet und sie immer ermutigt, ob es nun um die Arbeit an einer Karikatur ging oder um den Kampf mit einer Matheaufgabe. Vater und Tochter hörten leidenschaftlich gern gemeinsam Blues; sie sammelten

Kassetten und besuchten Konzerte. Holly war sich immer bewußt, daß sie weit wegfahren und wieder in den sicheren Hafen heimkehren konnte.

Carl war immer dabei, wenn Corey an Sportveranstaltungen teilnahm, und feuerte ihn vom Spielfeldrand aus an. Carl selbst trieb nie Sport, aber er informierte sich über die Feinheiten beim Football und wurde ein richtiger Fan, als sein Sohn diesen Sport zu seiner Leidenschaft machte. Carl wußte so gut wie der beste Fan, wann und was man loben mußte.

Carl ermutigte Corey immer, so zu sein, wie er wollte, aber er zeigte ihm auch, daß Männer im Haushalt viele Aufgaben übernehmen können. Vater und Sohn kochten gern. Corey fing oft schon an, das Abendessen zu kochen, bevor seine Eltern von der Arbeit kamen. Außerdem verwöhnte er seine Freunde häufig mit einem opulenten Frühstück, wenn sie bei ihm übernachteten – Speck, Eier, Pfannkuchen, Waffeln, Hamburger. Und genau wie sein Vater merkte er es auch, wenn Kates Plätzchen zu verbrennen drohten, während sie telefonierte, und er rettete sie aus dem Ofen.

Versuchen Sie nicht, Eindruck zu machen.
Ihr wirkliches Ich wird von selbst hervorleuchten.

23. Kapitel

Gebrauchen Sie nur wenige Worte

Es gibt sicher Worte, die Kinder von den Eltern hören müssen, aber die Eltern müssen sie vorsichtig wählen und sparsam benutzen. Sie können damit Kinder für Ideen begeistern, zum Weitermachen ermutigen und in die richtige Richtung lenken. Kluge Eltern wissen, daß zu einer Diskussion zwei gehören; das Kind muß reden oder antworten können, bevor der Vater oder die Mutter wieder spricht. Im Tao werden die Eltern Erfolg haben, die die Kunst des Zuhörens beherrschen. Kinder erfahren, daß sie wichtig sind, wenn Gespräche nicht immer in Vorträge ausarten.

Nehmen Sie sich regelmäßig Zeit mit Ihren Kindern. Planen Sie gemeinsame Familienmahlzeiten, und unternehmen Sie auch sonst etwas zusammen. Benutzen Sie anregende Worte und scharfsinnige Fragen, um die Ideen der Kinder – nicht Ihre eigenen – zutage zu fördern. Zeigen Sie, daß ihre Gedanken und Problemlösungen Ihnen gefallen.

Kate hat im Lauf der Jahre gelernt, sich zurückzuhalten. Manchmal nützt das Reden überhaupt nichts. Jedenfalls nicht bei Corey. Wenn sie wieder einmal nicht zu bremsen war und aus ihrem Sohn einen begeisterten Leser und guten Schüler zu machen versuchte, ermahnte sie ihn in einem fort: »Leg die Zeitung weg. Hast du nicht morgen einen Test? Hast du Hausaufgaben auf? Trödle nicht so! Hast du wieder ferngesehen? Mußt du nicht an deiner Projektaufgabe arbeiten? Stehst du in jedem Fach mindestens auf einer 3? Was mußt du alles machen?« Schließlich merkte Kate, daß das ganze Genörgel überhaupt nichts nützte.

Carl wartet viel länger, bis er etwas sagt, aber dann haben seine Ermahnungen meist mehr Gewicht. Er sagt vielleicht: »Das ist dein wichtigstes Schuljahr. Stehst du in jedem Fach mindestens auf einer 3?« Obwohl Carl dazu neigt, in jedem Jahr das gleiche zu sagen, reagiert Corey darauf.

Es war nicht leicht für Carl und Kate, die Unterschiedlichkeit ihrer Kinder zu akzeptieren. Aber heute schaffen sie es, Coreys Lässigkeit in Schuldingen nicht mit der Genauigkeit und dem Eifer zu vergleichen, die Holly auszeichnen. Sie können jetzt manches von dem, was Corey wirklich gut macht, schätzen. Sie haben beobachtet, daß er manche bewundernswerte Eigenschaft entwickelt hat, ohne daß sie ihn direkt belehrt hatten.

Zum Beispiel liest Corey eine ganze Menge. Er verschlingt jeden Tag die Sportseiten in der Zeitung, und er liest jede Schulzeitung und jeden Rundbrief. Wenn eine Illustrierte einen Sportteil hat, stürzt er sich darauf. Corey ist sehr pünktlich, genau wie seine Eltern. Er geht auch gern in die Schule; es gab Jahre, in denen er kein einziges Mal gefehlt hat.

Corey ist umgänglich und hat eine Menge Freunde. Er tanzt gern, und obwohl er behauptet, er werde nie so verrückt aufs Tanzen sein wie seine Mutter, ist kein Tanzboden vor ihm sicher. Er kann wunderbar mit kleinen Kindern umgehen. Er ist nicht nur sehr nett mit seinen jüngeren Vettern und Cousinen, sondern er geht auch oft in den Kindergarten. Die Kleinen sind ganz begeistert, wenn er kommt und mit ihnen spielt.

Manches hat Corey von seinen Eltern und seiner Schwester übernommen, ohne daß es ihm jemand gesagt hätte. Er verschafft sich gern Bewegung; allerdings ist er nicht scharf darauf, um fünf Uhr aufzustehen und richtig zu trainieren, wie es seine Eltern tun. Er ist ein großer Tierfreund, und er bringt auch andere Leute dazu, Tiere gut zu behandeln. Man kann von ihm Sätze hören wie: »Möchtest du gern ein Hund sein?« und »Füttere deinen Hund, bevor du selbst ißt.«

Die Kinder sagen übereinstimmend, es sei für sie von großer Bedeutung gewesen, daß beide Eltern ihnen in der Kindheit viel vorgelesen haben. Gewöhnliche Gespräche hätten da nicht mithalten können. Egal, welches Buch es war, sie empfanden dabei die Wärme der Gemeinsamkeit und konnten aus jedem Buch eine besondere Lehre ziehen.

Kate wünscht sich manchmal, sie könnte mit Worten Dinge verändern. Es sieht so leicht aus – ich sage dir, was du tun sollst, und du tust es. Doch so einfach geht das nicht; Kate hat gelernt, daß sie geduldig sein muß. Sie weiß, daß es oft lang dauert, bis Worte einsickern und schlechte Gewohnheiten sich verlieren.

Denken Sie, bevor Sie sprechen; gehen Sie sparsam mit Worten um. Es ist die Art der Natur, wenig zu sagen.

24. Kapitel

Es geht nur langsam voran; prahlen Sie nicht

Jeder Mensch wächst und lernt nur ganz allmählich. In der Regel geht die Entwicklung gleichmäßig voran, aber es kommen auch Sprünge vor. In der Entwicklung unserer Kinder zeigt sich, welche einzigartigen Eigenschaften sie geerbt haben. Wenn das Kind sich schnell und gut entwickelt, sind die Eltern stolz und haben manchmal das Gefühl, daß sie für den schnellen Fortschritt verantwortlich sind. Frühreife eines Kindes verleitet die Eltern oft zur Prahlerei. Aber kluge Eltern wollen sich nicht selbst ins Licht rücken. Das ist meist ein Zeichen dafür, daß ein Mensch unsicher ist.

Andere Kinder wiederum entwickeln sich nur sehr langsam. Trotz besseren Wissens haben die Eltern oft das Gefühl, sie seien schuld daran. Eltern, die viel Zeit damit verbringen, sich wegen der Entwicklung eines Kindes Sorgen zu machen, verschwenden kostbare Zeit, die sie auf etwas Besseres verwenden könnten.

Betrachten Sie Ihre Kinder als Individuen, die auf ihre eigene Weise die Stufen ihrer Entwicklung erklimmen. Spätestens in der Schule werden Ihre Kinder erkennen, wie verschiedenartig sich Menschen entwickeln. Helfen Sie jedem Kind, zu verstehen und anzuerkennen, daß es einmalig ist, gleichzeitig aber auch normal.

Polly Singleton war immer eine gute Schülerin, aber sehr eigenwillig im Umgang mit Menschen. So auch in der Junior High School. Sie hatte keine Lust, die Regeln ihrer Schule einzuhalten, und sie ärgerte sich, daß sie von einem Klassenzimmer ins andere rennen und den Anforderungen von einem halben Dutzend Lehrer gerecht werden mußte. Sie hielt mit ihrer Meinung nicht hinter dem Berg, und die Lehrer fürchteten allmählich die Auseinandersetzungen mit ihr. Das erste Quartal war eine einzige Katastrophe, und sie beschloß, auf eine Schule mit einem alternativen Lehrprogramm überzuwechseln. Dort blieb sie die ganze neunte Klasse.

Als es Zeit wurde, sich für eine High-School zu entscheiden, hegte niemand einen Zweifel daran, daß die alternative Schule das Richtige für Polly sei. Es war eine staatliche Schule, aber sie glich in mancher Hinsicht einer Privatschule. Sie war flexibler, und die Lehrer zeigten viel persönliches Interesse an den Schülern. Sie bot Polly ein sicheres Umfeld und viel Anregung. Jeder Tag begann mit einem Treffen der »Betreuungsgruppen«, die aus einem Lehrer und acht bis neun Schülern bestanden. In den Klassenzimmern waren die Pulte nicht das wichtigste. Projektarbeit fand an Tischen statt, und es gab überall Sofas, wo man lesen oder sich unterhalten konnte. Das individualisierte Programm erlaubte es den Schülern, in jedem Quartal selbst Kurse auszuwählen, und Polly konnte sich einige Kurse in Kunst und Fotografie aussuchen und so von ihren Begabungen profitieren. Alles in allem war diese ungewöhnliche Schule gut für sie, und beim Abschluß gehörte sie zu den Besten ihrer Klasse.

Gleichzeitig aber hatte Polly auf anderen Gebieten des Lebens Schwierigkeiten. Sie mochte keine Regeln, weil ihre leibliche Mutter in dieser Hinsicht dem Grundsatz des *laissez faire* gefolgt war. Polly hatte die meiste Zeit ihres Lebens in einer Umgebung ohne feststehende Regeln verbracht. Zudem hatte sie keine Hemmungen, grob zu werden, wenn jemand ihr gegenüber Autorität ausüben wollte. Daß Dot jetzt zur Familie gehörte, bedeutete, daß Polly sich nach einer weiteren Person richten sollte. Sie fand sich damit nicht ab, und ihre unverschämten Antworten und ihre

Widerspenstigkeit machten Dot zu schaffen. Einmal versuchte Dot, mit ihrer Stieftochter über Empfängnisverhütung zu sprechen, weil Polly viel Zeit mit einem Verehrer verbrachte. Polly schrie laut, sie sei keine *Hure*. Dot war ganz niedergeschmettert, weil ihre Ratschläge so übel aufgenommen wurden. Das war nur eine Szene von vielen. Trotzdem waren die Eltern überzeugt, Polly werde noch lernen, mit Menschen umzugehen.

Um sich über ihre Rollen klarzuwerden, besuchten John und Dot Beratungsstunden für Stiefeltern. Sie erkannten, daß sie als Eltern Polly gegenüber feste Grenzen setzen mußten. Dann konnte Polly selbst entscheiden, ob sie diese Grenzen anerkennen wollte oder nicht. Polly entschied sich schließlich dagegen. Das bedeutete, daß sie ausziehen mußte; und sie tat es. Dot und John legten fest, daß sie die Ausbildungskosten übernehmen würden, solange Polly bei einer Freundin wohnte. Sie ging vier Jahre lang aufs College, machte ihr Examen in medizinischer Sozialfürsorge und wurde eine erfolgreiche Maklerin. Polly brauchte Zeit, um reif zu werden und ihren Platz zu finden. Aber sie schaffte es.

*Ermutigen Sie Ihre Kinder, und reklamieren Sie
ihre Erfolge nicht für sich.*

25. Kapitel

Geschichte wiederholt sich

Kluge Eltern wissen, daß gewisse Familieneigenschaften trotz der mächtigen Einflüsse von gesellschaftlichen Trends, Moden und politischen Richtungen die Zeit überdauern. Dabei brauchen wir uns gar nicht an die alten Sprichwörter zu halten, als da sind »Wie der Vater, so der Sohn« oder »Der Apfel fällt nicht weit vom Stamm«. Wir wissen, daß viele Faktoren wie zum Beispiel Bildung, soziale Stellung, ethnische Zugehörigkeit, Freundschaften und örtliche Gegebenheiten auf vielfältige Weise zusammenwirken. Und trotzdem, wenn Historiker, Biologen, Anthropologen und Soziologen einzelne Familien über Generationen hinweg beobachten, stellen sie fest, daß manche Züge gleichbleiben. Das liegt zum Teil an der Veranlagung, zum Teil an Umwelteinflüssen.

Manches hätte man nie auf den Einfluß der Gene zurückgeführt, bevor die moderne Forschung so große Fortschritte machte. Studien mit erwachsenen Zwillingen, besonders solchen, die bei der Geburt getrennt wurden und als Einzelkinder aufgewachsen sind, zeigen, daß sie sich als Erwachsene im ganzen Verhalten oft erstaunlich gleichen. Wenn Menschen älter werden, sehen sie (oder ihre Umgebung), daß sie in mancher Hinsicht, sei es körperlich, psychisch oder intellektuell, zur Kopie ihrer eigenen Eltern geworden sind. Die Wirkung ist manchmal negativ (Himmel, ich werde wie meine Mutter!), manchmal positiv (Mir scheint, ich habe doch etwas vom künstlerischen Talent meines Vaters).

Wie sich über Generationen gemeinsame Werte und Lebensmu-

ster äußern, ist auch eindrucksvoll. Oftmals kritisieren Menschen ihre Eltern oder Kinder wegen Eigenschaften, die sie selbst an den Tag legen (vielleicht ohne sich dessen bewußt zu sein). Oder es kommt auch vor, daß den Eltern die Worte ihrer eigenen Eltern im Ohr tönen, wenn sie sehen, daß ihre eigenen Unarten sich im Verhalten ihrer Kinder widerspiegeln. »*Warte nur, bis du selbst Kinder hast*« *oder* »*Ich hoffe, du kriegst eine Tochter wie dich*« *sind Äußerungen, die im Lauf der Zeit begreifbar werden.*

Erkennen Sie, daß negative Familieneigenschaften ein gemeinsames Problem sind, und freuen Sie sich über positive Familieneigenschaften.

Lew und Margaret amüsierten sich sehr über die Kommentare ihrer Freunde, als sie ihr erstes Kind bekamen. Einige Freunde und Bekannte erzählten Lew: »Cynthia sieht *genauso* aus wie du!« Andere sagten zu Margaret: »Sie schaut genauso aus wie du!« Ähnliche Kommentare gab es fünf Jahre später, als Patrick geboren wurde. Im Lauf der Zeit bemerkten Margaret und Lew, daß Cynthia einige Jahre *wirklich* ihrem Vater sehr ähnlich war, ihrer Mutter aber weniger; oder umgekehrt. Patrick sah bei der Geburt seiner Mutter ähnlich, aber dann erst wieder in den späten Grundschuljahren. Als die Kinder heranwuchsen, konnte man oft andere Familienähnlichkeiten feststellen.

Cynthias Eltern waren sehr überrascht, als sie mit etwa zwölf Jahren anfing, sich in ihr Zimmer zurückzuziehen. Als kleines Mädchen war sie nie verschlossen gewesen. Doch jetzt sprang sie vom Tisch auf, sobald sie fertiggegessen hatte, und war sehr kurz angebunden und schnippisch, wenn Margaret oder Lew etwas fragten oder sie um etwas baten. Ihre Telefonate wurden lang und sehr geheim. »Bitte, mach die Tür zu. Leg das andere Telefon auf. Laß mich in Ruhe, das ist mein Zimmer.« Lew und Margaret sprachen miteinander darüber und stimmten überein, daß es ihr Zimmer war und daß sie ein Recht auf Ungestörtheit hatte. Trotzdem war diese Verschlossenheit nicht angenehm.

Erst als sie sich an ihre eigene Jugend erinnerten, betrachteten Margaret und Lew die Situation ihrer Tochter mit anderen Augen. Beide hatten als Jugendliche eine ausgeprägte Neigung gehabt, sich von der Familie abzusondern. Lew dachte daran, daß er viel von zu Hause weg gewesen und sogar mit den Landstreichern auf den Rangierbahnhöfen der Stadt herumgelungert war. Margaret erinnerte sich, daß sie daheim lange, einsame Stunden damit verbracht hatte, zu lesen und über die Leiden der Helden Tränen zu vergießen. Auch hatte sie stundenlang die heimische Landschaft durchstreift und erforscht, oder sie war auf Bäume gestiegen und auf Ästen gesessen. Es war eine andere Zeit, die Umstände waren anders, aber es war die gleiche Verhaltensweise. Sie kamen zu dem Schluß, daß es keinen Sinn hätte, Cynthia zu tadeln. Sie erzählten ihr sogar Geschichten von damals, als sie in ihrem Alter waren und auch nicht übertrieben gesellig. Sie bestanden weiterhin darauf, daß *einige* Mahlzeiten gemeinsam eingenommen wurden und daß die Familie *einige* Zeit miteinander verbrachte, aber sie wurden gelassener.

Bedenken Sie den Kreis des Tao. Ihre Kinder werden in Ihren Spuren gehen.

26. Kapitel

Nehmen Sie sich Zeit; seien Sie aufmerksam und aufnahmebereit

Kluge Eltern lernen das Zuhören. Sie können Ihr Kind nur verstehen, wenn Sie ihm wirklich zuhören. Zuhören heißt nicht zustimmen, und auch eine Antwort ist oft nicht nötig. Wenn die Kinder Ihnen ihre Sorgen mitgeteilt haben, wenn sie Ihren aufmerksamen Blick, Ihr ermunterndes Nicken gesehen haben, können sie das Problem oft selbst lösen.

Eltern, die im Tao leben, finden es vielleicht nützlich, aufzuschreiben (oder sogar auf Band aufzunehmen), was ihre Kinder sagen, und später darüber nachzudenken. Sie könnten überrascht sein, wenn sie merken, wieviel sie beim erstenmal überhört haben. Es braucht nicht viele Worte, wenn jemand gut zuhört. Und wenn man den Kindern wirklich zuhört, merken sie, daß sie mit der Zeit die Kommentare ihrer Eltern immer weniger brauchen. Sie werden immer unabhängiger von der Zustimmung der Eltern und verlassen sich immer mehr auf ihr eigenes Urteil.

Begegnen Sie den Kindern auf ihrer eigenen Wellenlänge. Sie können zeigen, daß Sie jedes Kind in seiner Eigenart annehmen, indem Sie bereitwillig etwas von sich selbst geben. Seien Sie aufnahmebereit. Erkennen Sie sich selbst, und helfen Sie Ihren Kindern, Sie kennenzulernen. Lassen Sie nicht zu, daß wechselnde Stimmungen (Ärger, Freude, Kummer) Ihr wahres Selbst verbergen.

Wenn Jacob, Samuel und Mapita diskutieren, kommen alle Meinungen zur Sprache, nicht nur die der Mutter. Wenn die Jungen etwas zu sagen haben, hört Mapita zu. Sie ist nicht immer der gleichen Meinung, aber sie respektiert die Überlegungen ihrer Jungen. Die Jungen wissen, daß sie immer wartet, bis sie alles gehört hat, und daß sie nicht vorschnell Partei ergreift. Sie hat keine Vorurteile.

Als Samuel und Jacob die Geschichte erzählten, wie Jacob zu seinem ungerechten »mangelhaft« im Geschichtskurs von Mrs. Monzon gekommen war, hörte Mapita aufmerksam zu, und es wurde ihr klar, daß sie die Sprechstunde dieser Lehrerin besuchen mußte. Sie beschloß auch, ihren Sohn mitzunehmen und sich eine Menge Herumgerede zu ersparen. Alle Mißverständnisse konnten so an Ort und Stelle aufgeklärt werden. Das Problem war, so hatte er es ihr zu Hause genau dargelegt, daß er in Wirklichkeit ein »gut« verdient hatte, daß er aber einige Schulstunden hatte nachholen müssen. Mrs. Monzon benutzte in ihrem Kurs ein ausgefeiltes Punktesystem, bei dem die Schüler Hunderte von Punkten auf einmal verdienen oder verlieren konnten. Jacob hatte zweihundert von seinen vierhundert Punkten verloren, weil er nicht zum allgemeinen Arrest nach der Schule gekommen war. Weil er an allen üblichen Arrestterminen, die unter der Woche nach dem Unterricht stattfanden, Pflichttraining als Ringer hatte, hatte er statt dessen für sich beschlossen, am Samstagsarrest teilzunehmen. Der Lehrer, der am Samstag die Aufsicht führte, versicherte Jacob, er werde Mrs. Monzon am Montag den Entschuldigungszettel schicken; und das tat er auch. Trotzdem war sie wütend darüber, daß Jacob, ohne zu fragen, am Samstag statt an einem Wochentag die Strafe abgeleistet hatte. Sie bestand darauf, der Arrest hätte an einem Nachmittag während der Woche und unter *ihrer* Aufsicht stattfinden müssen.

Jacob blieb dabei, er habe *seinen* Teil des Abkommens erfüllt; die Lehrerin bestritt es. Jacob erinnerte sie aber daran, daß sie beide eine schriftliche Abmachung unterschrieben hatten, in der die

Strafe vereinbart worden war. Bei dem Gespräch wollte Mrs. Monzon den Zettel zunächst nicht herausrücken. Erst behauptete sie, es gebe nichts Schriftliches. Dann sagte sie, sie habe keine Ahnung, wo der Zettel sein könnte. Mapita aber sagte ruhig und bestimmt: »Wir sollten ihn uns ansehen.« Als das Schreiben endlich vor ihnen auf dem Tisch lag, war die Antwort klar. Lehrerin und Schüler hatten ein förmliches Abkommen unterschrieben: Jacob mußte vier Stunden Arrest absitzen – ein Ort oder eine Tageszeit war nicht erwähnt.

Ein andermal, bei anderer Gelegenheit, verurteilte Samuels Lehrer ihn zum Samstagsunterricht, weil er seinen Kurs zwanzig Minuten zu früh verlassen hatte. Er hatte sich in der Turnhalle auf die Fahrt zu einem Ringkampf in einer anderen Schule vorbereiten müssen. Jacobs Lehrer verlangte nur, daß er früher in die Schule kam und die zwanzig Minuten hereinarbeitete. Samuels Lehrer aber, Dr. Wolf (der gleichzeitig Stellvertreter des Direktors war), forderte, Samuel müsse zur Strafe vier Stunden extra absitzen. Als Jacob Dr. Wolf auf dem Schulhof sah, ging er zu ihm hin und fragte: »Finden Sie es nicht unfair, daß mein Bruder eine so hohe Strafe bekommt? Wenn er die ganze Stunde geschwänzt hätte, wäre die gleiche Strafe fällig gewesen.« Dr. Wolf antwortete scharf, das gehe Jacob nichts an, und er sei nicht verpflichtet, *irgendeinem* Schüler *irgend etwas* zu erklären.

Mapita hörte Jacob zu. Dann rief sie in der Schule an und sprach mit Dr. Wolf. Sie hatte ein Exemplar der Schulordnung vor sich, in der beschrieben war, welche Strafen für verschiedene Vergehen angemessen waren. Versäumte man einen Teil des Unterrichts, dann hieß das Arrest. Versäumte man einen ganzen Kurs, mußte man am Samstag in die Schule. Die Schulordnung enthielt auch einen Absatz des Inhalts, daß die Kommunikation zwischen Schülern, Lehrern und Verwaltung stets lebendig zu halten sei. »Dr. Wolf, ich lese aus der Schulordnung vor. Ihre Schule macht es sich zur Aufgabe, ›die Schüler zu unterstützen und ihnen zu helfen, die nötigen Kenntnisse und Fähigkeiten zu erwerben, um verantwortungsvolle und schöpferische Menschen zu werden, die ihr Leben lang lernen‹. Sie glauben an ›gegenseitigen Respekt, Ehrlichkeit, Integrität, Liebe und Kreativität‹. Wenn ein Kind einen Teil des Unterrichts versäumt, bedeutet das Arrest. Ich bin überzeugt, Sie haben die Schulordnung gelesen. Außerdem bitte ich Sie ja nicht, ihm die angemessenen Folgen zu ersparen. Im übrigen stelle ich mit Bedauern fest, daß Sie für die Gebräuche in unserer Familie kein Verständnis haben. Jacob hat sich nicht respektlos benommen. Wenn ich nicht dabei bin, fühlt sich mein Sohn verpflichtet, seinem Bruder zu helfen. So halten wir das.« Nach diesem Gespräch herrschte Klarheit auf beiden Seiten. Mapita erwartete, daß die Schule ihre Versprechungen hielt, und sie versprach, daß auch ihre Söhne sich an die Regeln halten würden.

Hören Sie genau zu ... Ihre Kinder brauchen das.

27. Kapitel

Lernen Sie selbst Disziplin, bevor Sie versuchen, sie anderen beizubringen

Eltern müssen sehr darauf achten, was sie tun. »Tu, was ich sage, nicht, was ich tue« – diese Einstellung ist lange Zeit das Kennzeichen wirkungsloser Erziehungsbemühungen gewesen. Eltern sagen vielleicht gelegentlich wunderbare, beglückende Dinge. Aber das, was sie tun, tun sie nicht nur gelegentlich, sondern regelmäßig. Eltern, die es sich vor dem Fernseher gemütlich machen und ihrem Kind sagen, es solle ein Buch lesen, brauchen sich nicht zu wundern, wenn der Nachwuchs kaum liest. Andererseits kann man durch sein Beispiel nur etwas bewirken, wenn klar ist, worum es geht.

Lesen wird durch Lesen gefördert. In Familien, wo die Eltern den Kindern regelmäßig vorlesen und auch selbst lesen, werden auch die Kinder zu Lesern. Auf dieselbe Weise kann der Fernsehkonsum der Kinder am besten dadurch eingeschränkt werden, daß die Eltern gezielt auswählen, was sie sehen wollen. Sparsamkeit kann in den Familien gelernt werden, in denen man bei Einkäufen über das Preis-Leistungsverhältnis diskutiert und die günstigsten Läden bevorzugt. Umweltfreundliches Verhalten lernt man in einem Haus, wo der Müll getrennt und das Wasser nicht vergeudet wird. Auch Ordnungsliebe und Sauberkeit werden hauptsächlich durch das gute Beispiel gefördert.

Nehmen Sie sich Zeit, die Dinge zu tun, die Sie von Ihren Kindern erwarten.

Seit der Zeit, als Cynthia und Patrick noch ganz klein waren, haben sich Lew und Margaret abends abgewechselt, so daß mindestens ein Elternteil den Kindern im Bett noch vorlesen konnte. Manchmal kamen auch beide Eltern, um Gute Nacht zu sagen. Die Zähne wurden geputzt, die Gesichter gewaschen, es gab Zärtlichkeiten, und etwa eine halbe Stunde lang wurde vorgelesen oder gesungen. Das war immer eine schöne Zeit, aber für die Eltern bedeutete es auch eine gewisse Überwindung, weil sie nach einem langen Arbeitstag beide müde waren.

Lew erzählte oft Fortsetzungsgeschichten über selbsterfundene Figuren. Hauptpersonen in vielen Episoden waren Robin Redbreast (Rotkehlchen) und Mary Meadowlark (Wiesenstärling), Gastauftritte hatten Oliver Owl, Henry Hawk, Ricky Roadrunner und Carl Crow. Die Geschichten waren manchmal recht weitschweifig und nicht besonders schlüssig, aber es gab immer ein Problem, das gelöst, oder eine Moral, die vermittelt wurde. Lew erwähnte auch oft Personen und Dinge, die Cynthia und Patrick aus dem täglichen Leben bekannt und vertraut waren.

Hier ist ein Teil einer Geschichte, die Lew Cynthia erzählte. Die Hauptrollen spielten bei Lew lange Zeit immer dieselben Vögel.

Robin flog über das Haus des Mädchens; er sah, daß sie mit ihren Puppen spielte. Er sah ihre Mutter, die sich gerade mit den Topfpflanzen an der Einfahrt beschäftigte, und am Fuß des Hügels einen Mann mit einem komischen Hut, der im Garten arbeitete. Dann flog Robin über die Häuser hinaus und aufs offene Feld, wo seine Freundin Mary Meadowlark wohnte. Als er sich Marys Nest näherte, sah Robin eine Staubwolke, wo eigentlich hohes gelbes Gras und grüne Büsche hätten sein sollen. Ein roter Traktor fuhr über das Feld und riß den Boden auf. Robin erschrak. Er wußte, daß der Traktor nicht mehr weit von Marys Nest weg war.

Wenn Margaret mit dem Geschichtenerzählen an der Reihe war,

streckte sie sich auf dem Bett aus oder sie setzte sich darauf und lehnte sich an die Wand. Sie erzählte erbauliche Geschichten, deren Hauptperson Cynthia oder Patrick hieß. Die Helden begeisterten sich für gute Taten, waren nett zu alten Leuten, retteten verletzte Tiere und waren stets bereit, Fehler wiedergutzumachen und sich zu entschuldigen, wenn sie ohne Absicht etwas falsch gemacht hatten.

Eines Tages ging ein kleiner Junge namens Patrick mit seinem Freund auf dem Gehsteig entlang, als eine grauhaarige Dame auf sie zukam, die ein silberfarbiges Gehwägelchen vor sich herschob. Patrick kannte solche Gehhilfen schon, weil er oft seiner Großmutter half. Die Oma ging schon vor Patricks Geburt mit einem Gehwägelchen. Patrick war wirklich sehr hilfsbereit...

Solche erfundenen Geschichten erzählten die Eltern oft. Aber noch öfter wurde gemeinsam gelesen. Bei regelmäßigen Ausflügen zur Bibliothek versorgte sich die Familie mit großen Büchervorräten. Normalerweise durften die Kinder wählen, welche Bücher sie ausliehen, und sie durften auch jeden Abend entscheiden, was vorgelesen wurde. Trotzdem durften auch die Eltern ab und zu für eins ihrer Lieblingsbücher plädieren. Als die Kinder noch klein waren, wurden manche Bücher immer und immer wieder gelesen. Zuerst waren es natürlich Kinderbücher. Später wurden witzige und absurde Geschichten die Favoriten. Die Eltern hatten an ihnen genausoviel Spaß wie die Kinder.

Margaret und Lew erinnern sich immer mit Dankbarkeit an diese gemeinsamen Lesestunden. Die Vertrautheit der abendlichen Erzählstunde war immer etwas Besonderes. Das Vorlesen führte dazu, daß die Kinder schon früh und mit Begeisterung selbst lasen. Die Eltern bedauern nur, daß sie später, als die Kinder schon selbst gut lesen konnten, die gemeinsame abendliche Lektüre nicht fortgesetzt haben. Es wäre schön gewesen, gewisse Bücher, zum Beispiel von Roald Dahl, gemeinsam zu lesen und darüber zu sprechen.

Cynthia und Patrick sind immer noch Leseratten, nur für Gute-Nacht-Geschichten sind sie inzwischen zu alt. Das ganze Haus steht voller Bücherregale, und Cynthia hat sogar einen Teilzeitjob in einer Buchhandlung.

Zeigen Sie den Weg.

28. Kapitel

Seien Sie demütig; lehren Sie die Ganzheit der Dinge

Wenn Kinder etwas Neues lernen sollen, sorgen kluge Eltern dafür, daß sie dieses Neue in seiner Ganzheit erfahren. Es ist leichter, die Stücke eines Puzzles zusammenzusetzen, wenn man zuerst das ganze Bild auf der Schachtel gesehen hat. Natürlich sind trotzdem noch Geschicklichkeit und das genaue Studium der Einzelteile dazu nötig. Das Skifahren kann man besser lernen, wenn man zuerst anderen dabei zusieht. Es kann nützlich sein, das Lernen in kleine Abschnitte zu teilen, aber wenn man die Teile kennt, versteht man deswegen noch nicht das Ganze. Das Trainieren von einzelnen Fähigkeiten wie Dribbeln, Täuschen, Zuspielen und Schießen macht noch keinen Fußballspieler.

Lassen Sie Ihr Kind das ganze Lied hören, bevor es die Noten lernt.

Dot und John waren beide gern im Freien. Sie hielten Wandern und Campen für das Schönste überhaupt, und sie wünschten sich, daß ihre Kinder an der Natur genausoviel Freude hätten wie sie. Sie kamen zu dem Schluß, daß ihre Teens bei Ferien im Gebirge nicht nur eine Menge über die Natur lernen würden, sondern auch Ausdauer und Geschicklichkeit.

Sie machten einen Plan: Mama, Papa und die fünf Kinder wollten das Abenteuer suchen, mit Rucksack und Wanderschuhen. Sie wollten einen Camping- und Wanderurlaub mit allem Drum und Dran machen. Die ganze Familie setzte sich zusammen, um über den Termin und über die Vorbereitungen zu diskutieren. John und Dot wählten Onion Valley als Ziel, weil sie sich dort schon gut auskannten. Onion Valley würde allen gefallen: Es war nicht weit weg von daheim, und es gab dort gut ausgestattete Campingplätze, eine wunderbare Landschaft und Wanderwege mit leichten Klettereien. Die siebenköpfige Familie brauchte eine umfangreiche Campingausrüstung. Jeder mußte sich um seine eigenen Sachen kümmern und war obendrein zuständig für einen bestimmten Teil der gemeinsamen Ausrüstung. Die Vorbereitungen klappten gut.

Es stellte sich heraus, daß Onion Valley der perfekte Campingplatz war, mit zwei Picknicktischen, Wasser und Bäumen, in deren Schatten man Campingwagen und Zelt aufstellen konnte. Die Familie richtete sich ein, und alle genossen das einfache Mahl, das sie teils auf dem Campingkocher, teils über dem Lagerfeuer zubereitet hatten. Dann legten sie sich schlafen. Die Eltern ermahnten die Kinder, sich gut auszuruhen, um für den großen Tag bereit zu sein. Sie würden früh aufbrechen.

Vorher war nur vereinbart worden, daß es sich bei der Tour nicht um einen harmlosen Picknickausflug handeln würde. Sie würden ordentlich wandern und klettern. John und Dot kannten die Gegend zwar so ungefähr, aber sie wußten nicht mehr genau, was auf sie zukommen würde. Sie studierten auch nicht eigens die Wanderkarte, sondern beschlossen, einfach den Markierungen zu folgen, der Rest würde sich dann schon ergeben. Sie waren genauso gespannt wie die Kinder. Die Hauptregel für den Tag hieß: Zerstört die Natur nicht. Alle sollten auf den markierten Wegen bleiben. Blumen sollte man dort bewundern, wo sie wuchsen, und stehenlassen.

Anfangs gab es viel Geschnaufe und Gestöhn, dazu kamen Klagen über plattgelaufene Füße. Aber sie machten öfters eine kleine Rast, wobei es Erfrischungsgetränke und viel Wasser gab.

Die Landschaft mit ihren hohen Bergen und weiten Tälern war großartig. Später machten sie ein gemütliches Picknick. Sie saßen auf Felsen und freuten sich an der Schönheit der Berge und den Geräuschen der Natur. Die Zeit verging, und alle merkten, daß sie weiter gehen konnten, als sie gedacht hatten. Sie wanderten durch Espenwälder, schmale, steile Steige hinauf, an Bächen entlang und an gefrorenen Schneeresten vorbei, obwohl Sommer war. Sie genossen wunderbare Aussichten.

Jeder konnte etwas beitragen. Polly kannte alle Bäume am Weg, und Ralph konnte Mineralien und Gesteinsarten beim Namen nennen. Irma kannte viele Wildblumen, und John konnte die paar Vögel identifizieren, die sie sahen. Irma munterte auch alle auf, und Joe machte Witze über alles, was sie sahen. Dot lachte viel. Niemand hatte das Kommando. Sie wechselten sich bei der Führung ab, je nach Tageszeit und Wegstrecke. John war dafür verantwortlich, daß die Familie rechtzeitig vor Sonnenuntergang umkehrte. Im Endeffekt waren dann John und Dot die letzten, die nach einem langen Wandertag am Campingplatz ankamen, ihre fünf Kinder hatten sie abgehängt.

Die Familie unternahm in dieser Woche noch mehrere Touren. Nach den ersten Erfahrungen erhoben sich Fragen, die nach einer Antwort verlangten. Die Familienmitglieder konnten voneinander lernen. Wie machst du es, daß deine Feldflasche nicht leckt? Welcher Sonnenschutz ist wirksamer? Was ist Moleskin? Warum ziehst du zwei Paar Socken an? Was macht man, wenn man keinen Hut aufsetzen mag? Wie weit ist es bis zum See? Diese Ferien taten allen gut. Sie waren stolz darauf, wie gut sie in der freien Natur zurechtkamen, und speicherten schöne Erinnerungen.

Ganze Ideen sind besser als Bruchstücke, und Gedanken von anderen zu empfangen ist besser, als eigene Gedanken an andere weiterzugeben.

29. Kapitel

Folgen Sie dem Mittelweg; er ist der Kern des Wissens

Der Weg besteht für kluge Eltern auch darin, die Elemente verschiedener Philosophien und Lebensarten miteinander in Einklang zu bringen. Sie wissen: Wenn die Erziehung einseitig ist, kann sie den unterschiedlichen Bedürfnissen ihrer verschiedenen Kinder nicht gerecht werden. Eltern haben nicht viel Erfolg, wenn sie autoritär sind, aber genauso wenig, wenn sie übertrieben tolerant sind. Der Mittelweg ist gleichsam die Mischung verschiedener Haltungen; er ist kein Pfad mit besonderen Eigenheiten, aber auch kein fauler Kompromiß. Kluge Eltern wissen, daß sie sich zuerst untereinander einigen müssen; sie müssen Streit vermeiden, weil er die Kinder beunruhigen würde. Dann können sie Grenzen festlegen – keine Barrieren! – und Freiheit zulassen. Das bedeutet aber nicht, die Kinder zu vernachlässigen. Das Tao des Mittelwegs läßt zu, daß Erziehung flexibel ist und trotzdem einheitlich.

Versuchen Sie Ihren Standpunkt dort anzusiedeln, wo verschiedene Philosophien sich überschneiden und die Gemeinsamkeiten zutage treten. Ihre eigene Philosophie wird dann einen goldenen Mittelweg beschreiten.

Carl und Kate drücken es so aus: »Man kann nicht viele absolute Regeln aufstellen. Man muß die Regeln immer an das einzelne Kind und die Umstände anpassen.« Sie wissen, daß Holly alles sehr genau nimmt und sich an die Regeln hält. Corey andererseits nimmt fast alles auf die leichte Schulter. Er ist unbekümmert, und das bedeutet, daß er gelegentlich auch elterliche Führung braucht.

Die Flanagans geben zu, daß sie Fehler gemacht haben. Manchmal hätten sie nein sagen sollen. Gruppendruck lastet nicht nur auf Kindern; er kann auch Erwachsenen zu schaffen machen. Sie denken: »Wenn *andere* Eltern das richtig finden, wie kämen wir dazu, es zu verbieten?«

In seinem zweiten High-School-Jahr war Corey eine Zeitlang jedes Wochenende auf einer Party. Seine Eltern wußten, daß er sich dort mit seinen Klassenkameraden traf. Sie glaubten, das seien »gute Jungen«, und die Partys würden beaufsichtigt. Eines Sonntags aber, als Kate waschen wollte und alle Taschen in den Kleidungsstücken überprüfte, fand sie einige Kronenkorken von Bierflaschen. Sie erkannte, daß sie etwas naiv gewesen war, was diese Partys anbetraf. Die Kronenkorken in der Hand, hatte sie eine lange Unterhaltung mit Corey. Sie machte ihm deutlich, daß die Eltern in bezug auf Alkohol am Steuer keinen Spaß verstanden. Corey kannte die Einstellung seiner Eltern ganz genau. Ungefähr zur gleichen Zeit lernte er neue Freunde kennen. Er gab den Umgang mit seinen biertrinkenden Freunden bald ganz auf, als er sich mit Jungen näher anfreundete, die andere Maßstäbe und Interessen hatten.

Einmal erlaubten Kate und Carl ihrer Tochter, zu einer Studentenparty in einem Hotelsaal zu gehen. Ihre Intuition riet ihnen zwar ab, aber dann ließen sie sie doch gehen. Schließlich war Holly ein vernünftiges Mädchen, ihr Partner Studentensprecher und der Sohn angesehener Eltern. Außerdem fand der Ball in einem sehr noblen Hotel statt. Und Holly argumentierte auf eine allen Eltern nur zu vertraute Weise: »Ich bin die einzige, die nicht gehen darf!« Also gaben Kate und Carl schließlich nach.

Später sickerte durch, der Alkohol sei in Strömen geflossen, der Raum sei schummrig und die Musik sehr stimmungsvoll gewesen. Nach einer schrecklichen Szene mit ihrem Partner rief Holly schließlich ihre Freundin an und bat sie, sie heimzubringen.

Die Details sind bis heute nicht bekannt. Zum Glück konnte sich Holly aus der Situation retten, aber Carl und Kate hatten immer ein schlechtes Gewissen, weil sie ihre Einwilligung überhaupt gegeben hatten.

Nicht, daß Neinsagen immer das beste wäre. Weit gefehlt. Kate und Carl haben bei Hollys Freundin Fay erlebt, wohin es führt, wenn Eltern ständig nein sagen. In Fays ersten Schuljahren verbot ihr die Mutter streng, irgendwo anders zu übernachten, außer bei den Flanagans. Und sogar von dort aus mußte sie ein paarmal zu Hause anrufen. Einmal blieb sie über Nacht, und am Morgen beschlossen die Mädchen, bei einer anderen Freundin vorbeizuschauen. Fays Mutter war wütend, daß sie nicht gefragt worden war. Aber das war noch nicht alles. Sie rief bei den Eltern des anderen Mädchens an und beschuldigte sie, sie hätten ihre Tochter ohne ihre Erlaubnis eingeladen. Sie war so streng, daß man sie schon fast für ein bißchen verrückt hielt. Die Folge davon war, daß Fay begann, alles hinter dem Rücken der Mutter zu tun. Die Jahre in der High-School verbrachte sie herumstreunend und schuleschwänzend.

Corey hatte auch einen Freund, Brian, der nur bei den Flanagans übernachten durfte. (Aus irgendeinem Grund hielten andere Eltern Carl und Kate für vertrauenswürdig.) Brian hatte das Gefühl, er dürfe überhaupt nichts; Coreys Kommentar »Er kann nicht atmen« schien ins Schwarze zu treffen. Brian stellte sogar einmal im Unterricht die Frage: »Kann man es als Kindesmißhandlung ansehen, wenn Eltern ihrem Kind gar nichts erlauben?« Aber Brian tat alles, was seine Eltern wollten. Er wurde für schulische und sportliche Leistungen ausgezeichnet und bekam schließlich ein Stipendium – an einer zweitausend Meilen entfernten Universität.

Streben Sie nicht nach Extremen. Finden Sie Frieden im Herzen, und genießen Sie es, Kinder zu haben.

30. Kapitel

Wenden Sie keine Gewalt an; drängen Sie nicht

Kaum jemand weiß, wie man Kinder wirksam motiviert. Im Tao sehen die Eltern aber, daß Selbstdisziplin nicht in einer negativen Atmosphäre von Drohungen und Strafen gedeihen kann. Eltern, die ein quengelndes Kind im Supermarkt am Arm reißen, handeln unklug, und sie könnten das Kind verletzen. Eltern, die ihr Kind schlagen, wenn es einem anderen weh getan hat, machen einen Fehler. Sie zeigen selbst das Verhalten, das sie dem Kind austreiben möchten. Heftige Schläge – oder Schlimmeres – sind völlig inakzeptabel.

Kluge Eltern ermuntern ihre Kinder, sich nützlichen und schönen Beschäftigungen zuzuwenden. Sie erlauben den Kindern möglichst oft, sich ihren eigenen Interessen zu widmen. Wenn man Kinder zu etwas zwingt, wozu sie keine Lust haben, kommt meistens nichts dabei heraus. Aber wenn die Eltern nach dem Motto »Versuch es, vielleicht gefällt es dir« vorgehen, dann kann sich Neugier entfalten, und das Kind kann sich entwickeln.

Fragen Sie Ihre Kinder, was sie gern tun möchten, und zeigen Sie ihnen den Weg, wie sie das erreichen können. Sie dürfen erwarten, daß die Kinder verschiedene Dinge ausprobieren, aber verlangen Sie nicht, daß sie für immer dabeibleiben. Die Kindheit ist eine Zeit der Erforschung.

Bei Lew und Margaret herrschte Einsicht und Einigkeit: Verbote und Strafen sollten nach Möglichkeit vermieden werden.

Die Konsequenzen aus falschem Verhalten waren zum Beispiel: einige Tage Fernseh- oder Computerverbot oder Hausarrest. Die längste Strafe, an die sich jemand erinnern kann, dauerte sieben Tage. Die Strafe muß nicht unendlich lang sein. Margaret und Lew haben schon von monatelangen Hausarresten gehört und sind froh, daß dergleichen bei ihnen nie nötig geworden ist. Sie fragen sich, wer da am meisten bestraft ist.

Die Williams-Kinder haben viel Gelegenheit gehabt, verschiedene Begabungen und Interessen zu entwickeln. Die Familie hat jahrelang einer Kirche am Ort angehört, was sowohl in Margarets als auch in Lews Familie immer Tradition gewesen war. Cynthia und Patrick haben am Jugendprogramm der Kirche teilgenommen und zwei- oder dreimal im Jahr bei Musicalaufführungen mitgewirkt. Oft sind nach der Aufführung Leute zu Cynthia oder Patrick gekommen und haben sie zu ihrer Leistung und ihrem Talent beglückwünscht. In ihrer Stadt gab es noch viele andere Gelegenheiten für Jugendliche, bei Musicalaufführungen der Gemeinde oder der Schulen mitzuwirken, und Lew und Margaret haben jedes Jahr ihren Kindern vorgeschlagen, doch auch dort mitzumachen. Die Eltern argumentierten: »Aber ihr würdet das so gut machen!« Die Antwort war jedes Jahr: »Nein danke. Das macht keinen Spaß. Zuviel Arbeit. Die Proben sind so langweilig.« Die Eltern haben weiter keinen Druck ausgeübt.

Als Cynthia in der vierten Klasse war, ging sie mit ihrer Freundin Anne zu einem Basketballkurs der Gemeinde. Aber sie kamen in verschiedene Teams. Cynthias Mannschaft bestand fast nur aus Jungen, außer einem Mädchen, das aber als jüngstes Kind mit lauter Brüdern aufgewachsen und von ihnen wie ein Junge behandelt worden war. Die Spiele waren für Cynthia sehr schwierig und kosteten sie viel Nerven; sie war gehemmt, obwohl sie normalerweise sehr viel Selbstbewußtsein hatte. Aber sie beklagte sich nie.

Lew und Margaret saßen einmal am Samstagnachmittag mit ihrem Freund Bill, Annes Vater, auf der Tribüne. Er entwarf einen Plan: Für jeden aggressiven Spielzug Cynthias sollten fünfzig Cents ausgesetzt werden. Die Eltern dachten, das werde ein mächtiger Ansporn sein, und als sie Cynthia davon erzählten, schien sie die Idee auch gut zu finden. Aber auf die Dauer brachte dieses Bestechungssystem nicht viel. Später erklärte Cynthia sogar, es habe sie noch nervöser gemacht. Sie hörte mit dem Basketball auf. Erst in der High-School spielte sie wieder zwei Jahre lang. Dann war Schluß damit. Nur so zum Spaß spielt sie noch gelegentlich, wenn gerade ein Ball und ein Korb da sind.

Lew und Margaret haben auch erkannt, daß es Widerstand wecken kann, wenn man Kinder *drängt,* einen bestimmten Beruf zu ergreifen oder ein bestimmtes College zu wählen. Es klappt nicht, wenn man verlangt, daß Kinder Unterricht nehmen, weil sie eine bestimmte Begabung haben. Und keiner hat etwas davon, wenn man darauf besteht, daß Teenager bei allen Familienunternehmungen dabei sind.

Das bedeutet nicht, daß man sie nicht weiterhin einladen und auffordern soll. Es bedeutet nur, daß die Erwartungen der Eltern nicht in Zwang ausarten sollen.

Konfrontationen nützen niemandem. Versuchen Sie nicht, andere unterzukriegen; gewinnen Sie nur, wenn es nicht anders geht.

31. Kapitel

Ein Sieg ist nichts Glorreiches

Nur weil Eltern in einem Streit die Oberhand behalten, haben sie damit die Kinder noch lange nicht überzeugt. Ein Sieger auf der einen Seite bedeutet immer, daß es auf der anderen Seite einen Verlierer gibt. Jeder Sieg zeigt einen Mangel an Harmonie oder Verständnis. Wer siegt, hat seine eigene Menschlichkeit und Demut besiegt. Eine volle Entwicklung von Fähigkeiten gibt es nur in Situationen, wo alle gewinnen. In einer Familie, in der es immer Sieger und Besiegte gibt, herrschen Spannung, Manipulation und Konkurrenzdenken.

Wenn Sie einen Kampf mit Ihren Kindern gewonnen haben, haben Sie ihren Stolz und ihre Eigenständigkeit verletzt. Finden Sie einen Weg, wie beide gewinnen können. Nur Friede kann zur Ganzheit führen.

Obwohl ihre Jungen allgemein als »Musterkinder« betrachtet werden, ist Mapitas Aufgabe als Mutter nicht immer einfach. Es gibt häufig ganz grundsätzliche Meinungsverschiedenheiten zwischen einer Frau, die durch ihren kulturellen Hintergrund einer langsameren, der Tradition verpflichteten Lebensweise zuneigt, und Söhnen, die im schnellebigen städtischen Milieu Südkaliforniens aufwachsen.

Samuel erzählt, bei ihren Sonntagssitzungen gehe es ungefähr wie bei der NATO zu. Er sagt, wenn man etwas falsch mache, dann gebe es Konsequenzen; aber die Jungen würden ihre Medizin ohne Gezeter schlucken und normalerweise auch ohne sich aufzuregen. Ihre Mutter redet, sie reden, und die meisten Streitfragen werden geklärt.

Ein Thema, das immer wieder aufs Tapet kommt, ist der Sport und die Rolle, die er in ihrem Leben spielt. Jacob und Samuel betreiben das Ringen mit Leidenschaft, während für Mapita ein Spaziergang im Park vollauf genügt. Sie betrachtet das Leben als eine Gelegenheit, Weisheit zu erlangen, anderen zu helfen und Beziehungen zu entwickeln. Es bekümmert sie, daß der Sport in der Schule und der Gesellschaft eine so unverhältnismäßig hohe Wertschätzung genießt. Sie hält den Sport und das ständige Streben nach Ruhm für eine Ablenkung vom wirklichen Leben.

Mapita hat versucht, Samuel und Jacob die Augen dafür zu öffnen, daß Konkurrenz in ihrer Schulwelt nur Probleme bringen kann. Aber die Zwillinge konkurrieren auch miteinander. Einmal wetteiferten sie darum, wer die schönere Muttertagskarte für Mapita machen würde. Sie erinnerte sie daran, daß in der mexikanischen Kultur Zusammenarbeit einen hohen Wert habe. Sie sagte den Jungen, es wäre ihr die größte Freude, wenn sie beide gemeinsam eine Karte gestalten würden. Das hat einige Jahre lang gut geklappt, und Mapita hält die Ergebnisse hoch in Ehren.

Obwohl Samuel und Jacob rivalisieren, bleibt bei den Sanchez' alles unter Kontrolle. Die Jungen haben sich nie geprügelt, und die Sonntagssitzungen halfen bei der Lösung von Konflikten. »Also gut, du kannst im Auto vorne sitzen, aber wer hinten sitzt, darf das Radioprogramm bestimmen. Schön, nächste Woche mache ich den Patio sauber. Jeder muß seine eigenen Hemden selbst bügeln. Beim Abendessen mit den Tanten werden wir beide dabeisein.«

Alles gleicht sich irgendwie aus. In einem Jahr bekam Jacob in der Schule eine Ehrung nach der anderen. Er wurde in zwei Gruppen zum Vorsitzenden gewählt, und viele kleinere Dinge schienen ihm nur so in den Schoß zu fallen. Im nächsten Jahr jedoch lief es genau umgekehrt; jetzt war Samuel derjenige, der mit Ehrungen und Überraschungen bedacht wurde.

Beim Ringen kämpfen die Jungen in verschiedenen Gewichtsklassen, und Mapitas Rat »Wenn ihr gegeneinander kämpft, werdet ihr beide verlieren« hat wahrscheinlich auf manchem Gebiet Wirkung gezeigt. Durch Konkurrenzverhalten würden sie Energie verschwenden und so ihre Leistungen beeinträchtigen. Das ständige Hickhack würde ihrer Beziehung schaden.

Der Einsatz von Waffen adelt die Menschen nicht.
Im Tao wird das Töten beklagt, nicht gefeiert.
Friede hat den höchsten Wert.

32. Kapitel

Man kann den Weg nicht beherrschen

Kluge Mütter und Väter wissen, daß man das Elternsein nicht in gleichmäßigem Tempo lernt. Ratschläge und Bücher können die Flamme anfachen, doch das tiefere Verständnis muß im Inneren des Menschen reifen. Eltern machen Fehler, aber sie können daraus lernen. Man darf Fehler nicht moralisch verurteilen, sonst setzt man den Menschen herab, der den Fehler beging.

Lernen Sie aus Ihren Fehlern. Das Tao ist ein Weg, kein Ziel.

Joe, Dots Sohn aus erster Ehe, war in bester Südstaatentradition erzogen worden. Er war nicht nur sehr höflich, sondern auch ein kluger Junge mit einer Begabung für Mathematik. Er war in der Schule beliebt und wurde Sprecher der achten Jahrgangsstufe. Aber als der neue Bruder in der Familie war er zuerst nicht beliebt – ganz und gar nicht.

Genauer gesagt, er wurde schikaniert. Und zwar machten ihm nicht nur seine Stiefgeschwister Probleme, auch alle Kinder aus der Nachbarschaft hatten etwas gegen ihn. Er wurde im Schrank eingesperrt. Sie hackten auf ihm herum. Die anderen Kinder brachten ihm Flüche bei und verpetzten ihn dann, wenn er sie nachsagte. Sie gruben ihn am Strand bis zum Hals ein. Das ging immer so weiter. Dot gab sich die größte Mühe, dagegen anzukämpfen, aber sie erreichte nicht viel.

Anfangs versuchte sie es mit Schimpfen und Ermahnungen. Dann appellierte sie an John, sie zu unterstützen. Sie merkte aber bald, daß sie nichts erreichten, soviel sie auch reden mochten. Wenn die anderen Strafen bekamen, verschlimmerte sich Joes Lage nur noch. Aber seine Eltern versicherten Joe immer wieder, daß sie ihn liebten und bei allem unterstützen würden, was er gegen die Schikanen unternahm.

Mit der Zeit wurde manches besser. Joe wurde allmählich aufgenommen und schließlich war er mittendrin, wenn die Kinder um die Wette auf den Betten hüpften oder unerlaubterweise vom Dach sprangen, wenn die Eltern nicht zu Hause waren.

Versuchen Sie nicht, einer Schlange das Gehen beizubringen.

33. Kapitel

Erkennen Sie sich selbst; die Tugend hat unsterblichen Einfluß

Wer inneres Wissen erwirbt, gewinnt Einsicht. Im Tao dringen Eltern durch die Oberfläche der Dinge und gründen ihre Entscheidungen auf ihre Gedanken und ihre Selbsterkenntnis. Mütter und Väter sind vielseitige Personen mit vielen Talenten und Fähigkeiten. Leute, die im Arbeitsleben erfolgreich sind, merken vielleicht nicht, daß ihre schöpferischen oder organisatorischen Talente ihnen auch in ihren Beziehungen zur Familie helfen können.

Eltern, die sich klarmachen, welche ihrer Bemühungen erfolgreich waren und welche nicht, sind schon auf dem Weg zum zukünftigen Erfolg. Wenn Eltern feststellen, daß eine Serie von immer weiter verschärften Strafen für ein bestimmtes Verhalten nichts geändert hat, dann sollten sie darüber nachdenken, was sie ändern können – bei sich selbst, nicht beim Kind. Eltern, die in sich selbst hineinsehen können, werden sich ins Gedächtnis zurückrufen, was versucht wurde und was wirksam war.

Denken Sie über die Werte nach, die Ihnen wichtig sind. Erkennen Sie, daß Sie sich besser um andere kümmern können, wenn Sie zuerst auf sich selbst achtgegeben haben. Überlegen Sie, was Sie gut gemacht haben und was Sie besser machen möchten. Diese Suche nach Erkenntnis stellt sicher, daß Sie stets nach vorne schreiten. Das wird sich auf Sie und Ihre Kinder positiv auswirken.

Dot ist eine leidenschaftliche Gärtnerin. Gartenarbeit ist für sie eine Metapher dafür, wie sie mit dem Leben fertig wird. Obwohl sie gern mit Menschen umgeht und auch viel Talent dafür hat, braucht sie die Zeit, die sie allein im Garten verbringt, um nachzudenken und neue Kraft zu gewinnen.

Auch als Kind hat sie schon viel Zeit im Freien verbracht und im Haus- und Obstgarten der Familie gespielt. Weil sie viel bei der Arbeit half, bekam sie einen eigenen Blumengarten zur Belohnung. Sie war ständig dort zu finden, bereitete die Erde vor, zog ordentliche Furchen, hätschelte Sämlinge und freute sich über die Ergebnisse ihrer Arbeit.

Dot glaubt, daß sie so geworden ist, wie sie ist, weil sie in einer Atmosphäre von Gastfreundschaft und Großzügigkeit aufgewachsen ist. Was sie hatte, teilte sie mit ihren Freunden. Sie durfte sogar einmal ihr neues Kleid einer armen Freundin schenken. Auch Menschen mit schlechtem Ruf waren in ihrem Elternhaus willkommen. Für die Familie war es selbstverständlich, sich um andere zu kümmern.

Im Gegensatz zu den Beeten ihrer Kindheit sind die Gärten der erwachsenen Dot nie in ordentlichen Reihen angelegt. Jetzt plant sie die Gärten anders, sät hier ein bißchen und dort etwas mehr. Sie zieht Biogemüse und setzt Blumen mitten zwischen die Grünpflanzen. Dann mischt sie noch andere Pflanzen darunter, um das Unkraut zu verwirren, wie sie sagt. Dot und John sind schon oft umgezogen, von Haus zu Haus und von Staat zu Staat. Ihr Leben ist in mancher Hinsicht ziemlich chaotisch gewesen. Genau wie im Garten möchte Dot in ihrem Leben feste Grenzen haben. Innerhalb dieser Grenzen jedoch muß es viel Freiheit geben; da darf es dann ruhig auch ein bißchen chaotisch zugehen.

Auch als Erwachsene ist Dot immer bereit, ihren Freunden zu helfen, selbst wenn dadurch oft Unruhe und Unordnung ins Leben kommen. Möchtest du auf der Couch schlafen? Nur zu! Sollen wir von Arkansas nach Chicago fahren und das erledigen?

Schön. Klingt lustig. Klar, wir laden das in unseren Anhänger und bringen es hin.

Der Kluge kennt die anderen.
Der Erleuchtete kennt sich selbst.

34. Kapitel

Streben Sie nicht nach Größe

Zu den klugen Eltern, die keinen Druck ausüben, kommt Größe ganz von selbst. Vollkommene Erziehung lernt man nicht aus wunderbaren Vorträgen und eindrucksvollen Büchern. Es kann sehr lehrreich sein, wenn man Kindern einfach Gelegenheit gibt, in verschiedenen Situationen mit ihren Eltern zusammenzusein. Erfolg bedeutet in der Erziehung normalerweise, daß Kinder sich gut entwickeln, weil ihre Eltern viel von ihnen erwarten, sich das aber nicht anmerken lassen.

Man kann auf verschiedene Weise zeigen, daß man sein Umfeld schätzt und seine Kinder respektiert. Seien Sie ganz Sie selbst in Ihrer Freude am Leben.

Eine Menge Teenager, so Margaret, hätte gern, daß die Eltern den größten Teil des Tages abwesend wären. Was die Eltern auch tun oder sagen, es kommt den Kindern schrecklich peinlich vor. Eltern dürfen gerade mal kochen – vorausgesetzt, es gibt etwas Gutes. Sie dürfen da sein, wenn die Kinder irgendwohin gefahren werden möchten. Und zur Not dürfen sie bei schwierigen Hausaufgaben helfen. Aber sonst wäre es wirklich besser, wenn sie auf einem anderen Planeten lebten.

Cynthia bat Margaret, nicht zu ihrem nächsten Querfeldeinlauf zu kommen. Sie sagte, Margaret habe sie beim letzten Rennen lächerlich gemacht, weil sie als *einzige* von allen Eltern dagewesen sei und sie auch noch angefeuert habe. Margaret erklärte, sie werde beim nächsten Rennen wieder zusehen, aber diesmal zusammen mit der Mutter einer anderen Läuferin. Das war ein bißchen besser – nicht gerade okay, aber besser, denn wenn man sich schon genieren mußte, mußte sich wenigstens noch jemand mitgenieren.

Beim nächsten Rennen saß Margaret auf der Tribüne neben den Eltern eines Jungen aus der gegnerischen Mannschaft. Sie erzählten, daß sie zu allen Rennen gingen. Sie durften allerdings *kein Wort* sagen, wenn ihr Sohn vorbeilief. Er hatte unmißverständlich erklärt, er wünsche kein Geschrei und keine anfeuernden Zurufe. Sogar seine kleine Schwester hält den Mund, wenn er vorbeiläuft. Statt dessen feuern sie seine Teamkameraden an; nur wenn *er* vorbeikommt, verstummen sie. Damit ist er einverstanden.

Margaret beschloß daraufhin, einigen Bitten Cynthias nachzukommen; anderes machte sie aber weiterhin, ob das Cynthia nun peinlich war oder nicht. Es wurden Regeln aufgestellt: Über persönliche Geheimnisse und Kritikpunkte würde Schweigen bewahrt; nackte Babyfotos würden nicht gezeigt und peinliche Geschichten nicht erzählt. Das bedeutete, daß Margaret weiterhin lautstark die Schönheit der Wolken bewundern, Lew weiterhin im Auto singen und Margaret weiterhin mit Cynthias Freundinnen reden und sich nach ihrer Familie, der Schule und den Hausaufgaben erkundigen durfte. Margaret blieb auch bei ihrer Gewohnheit, mit fremden Menschen in der Schlange oder mit den Angestellten in der Post, im Supermarkt oder in anderen Geschäften zu plaudern. Diese Dinge waren Cynthia auch peinlich, aber sie gaben Margaret und Lew das Gefühl, ihr Leben so zu gestalten, wie es zu ihnen paßte. Sie wollten sich nicht verstellen; sie wollten sie selbst sein.

*Fordern Sie nichts für sich selbst;
die Größe wird zu Ihnen kommen.*

35. Kapitel

Der Weg hat seinen eigenen Rhythmus; nutzen Sie ihn

Im Tao kann das Leben einfach, friedlich und ruhig verlaufen, inmitten von Unruhe und Veränderung. Wenn sich Menschen mit etwas beschäftigen, was sie innerlich ausfüllt und begeistert, dann verlieren sie jedes Gefühl für die Zeit. Sie können stundenlang weitermachen, ohne zu ermüden. Das Tao gewährt einen Zustand ohne Ermüdung. So kann es auch mit der Erziehung gehen. Eltern können lernen, wie ihre Familie am besten den Zustand der Zeitlosigkeit erreicht. Vielleicht gibt es Umstände, die besser als andere geeignet sind, die Bedürfnisse der ganzen Familie zu befriedigen.

Sie werden merken, daß manches im Leben Ihnen allen nützt. Sie sollten erkennen und richtig einschätzen, was das für Dinge sind, denn wenn sie auch zeitlich beschränkt oder sogar zufällig sind: Diese Dinge setzen Zeichen für die Zukunft. An sie werden Sie sich noch Jahre später erinnern. Imitieren Sie das Muster, erfassen Sie den Rhythmus und lassen Sie ihn weiterwirken. Sie werden in Ihrer Arbeit aufgehen wollen.

Die Familie Williams macht oft Ferien am Indian Lake in Michigan. Dort, auf der Insel Wa-ma-el-na, wohnt die Familie in einem Blockhaus, das früher zu einem alten Anglercamp gehörte. Meistens wohnt auch Großmutter Williams in einem anderen kleinen Haus, und Lews Tante Martha und sein Onkel George sind immer da, denn die kleine Insel gehört ihnen. Für gewöhnlich kommen auch noch andere Mitglieder der weitverzweigten Familie. Wenn

Onkel Dan kommt, gibt es viel Neckereien und Streiche, wenn Onkel Robert da ist, wird viel geangelt.

Der Tageslauf richtet sich nach dem Sonnenstand. Die Uhrzeit scheint ganz bedeutungslos, jede feste Tagesplanung wäre unnatürlich. Die Familie muß nur Essen kochen, das Buschwerk ums Haus herum roden und alle Geräte in Ordnung halten. Oft muß man eine Entscheidung treffen oder eine Aufgabe meistern, aber es geht meist um angenehme Dinge. Großmutters Kekse sind köstlich. Der Seetaucher singt über dem Wasser, die Wolken ziehen über den Himmel, und der Wind weht durch die Birken. Fische schießen durch das klare Wasser. Alle sind sich bewußt, daß es schön ist, einfach auf den warmen, glatten Brettern des langen Stegs zu sitzen und eine rot-weiße Boje auf dem glitzernden Wasser anzuschauen.

Margaret liegt gern in einem gepolsterten Liegestuhl auf der Veranda und liest. Ab und zu spürt sie eine leichte Brise über ihre Wangen streichen. Cynthia schwimmt und schnorchelt mit Begeisterung, krault nach House Island und zurück, liegt dann gemütlich auf einem riesigen Autoschlauch und läßt sich von der Sonne aufwärmen, während kleine Wellen an das felsige Ufer plätschern.

Patrick sitzt besonders gern auf der Veranda und zeichnet unentwegt, während kleine Schatten auf seinem Zeichenblock tanzen. Und Lew ist im Himmel, wenn er am Nordufer bis zur Hüfte im kalten Wasser steht. Er wirft die Angel aus, beobachtet das goldene Kräuseln des Wassers und wartet, ob er vielleicht einen Fisch fängt.

Margaret liebt einen Anspruch von Art Buchwald, den sie sich aus der Zeitung ausgeschnitten hat: »Die besten Dinge im Leben sind keine Dinge.«

Schwimmen Sie mit dem Strom;
er ist unbegrenzt nutzbar.

36. Kapitel

Das Schwache und Weiche siegt über das Harte und Starke

Kluge Eltern wissen, daß man durch Nachgeben allmählich ans Ziel gelangen kann. Wie jeder Fischer weiß, daß man große und starke Fische nicht aus tiefem Wasser holen soll, so wissen Eltern, daß ein Kind auf elterliche Gewalt ungünstig reagiert. Sie versuchen nicht das Unmögliche, sondern erkennen, daß sich der Eigensinn eines Kindes in nachdenkliche Zustimmung wandeln kann, wenn die Eltern vorsichtig, zurückhaltend, flexibel, aufrichtig und ehrlich sind. Im Tao müssen Eltern bereit sein, sich mit einem starken oder schwierigen Gegner auf seinem eigenen Feld zu messen.

Geben Sie Ihre Fehler zu, und gestatten Sie Ihren Kindern, ihre eigenen Aggressionen »an den Haken zu bekommen«. Holen Sie dann die Leine langsam, vorsichtig und beständig ein. Schreien und toben Sie nicht, sonst machen Sie einen Fehler. Geben Sie vorsichtig Kommentare ab, die Ihren Kindern helfen können, die Sache selbst durchzudenken. »Ertappen« Sie Ihre Kinder bei ihren guten Taten.

Die kleinen Alltagsschwierigkeiten haben sich bei den Flanagans nur selten zu größeren Problemen ausgewachsen. Normalerweise gibt es an den Wochenenden und bei den Mahlzeiten genug Gelegenheit, miteinander zu reden, so daß die meisten Themen in Ruhe abgehandelt werden. Deshalb war es für Carl und Kate wirklich eine Überraschung, als sie merkten, daß es bei Corey plötzlich etwas gab, was sie nicht steuern konnten. Er wurde allzu selbstbewußt und eingebildet. Daß er jetzt in die Oberstufe ging, stieg ihm zu Kopf. Er behandelte jüngere Schüler genauso schlecht, wie er behandelt worden war, wenn nicht noch schlechter. »Du glaubst doch wohl nicht, daß *du* vor mir gehen darfst, du lächerlicher Pimpf? He, Kleiner, möchtest du Prügel haben?« Er führte sich wie ein richtiger Halbstarker auf, und nach einiger Zeit fing er sogar an, zu Hause damit zu prahlen.

Kate weiß, daß sie damals falsch vorgegangen ist. Ihre erste Reaktion war: »Das kann ich nicht glauben. Du machst genau das, worüber du dich früher so beklagt hast! Du führst dich auf wie ein Rohling.«

Corey antwortete: »Ich kann sagen, was ich will, du schimpfst immer. *Nie wieder* erzähle ich dir etwas!«

Kates spontane Bemerkungen waren genau das Falsche gewesen. Sie wußte, sie hatte nicht zur richtigen Zeit und nicht auf die richtige Art gesprochen. Sie hatte einen Fehler gemacht, das war klar. Also sagte sie den ganzen Tag kein Wort des Tadels mehr.

Sie beschloß statt dessen, Corey daran zu erinnern, wie nett er sonst mit anderen Kindern umging, besonders mit jüngeren. Corey war immer freundlich zu seinen jüngeren Vettern und Cousinen. Sie nahm sich vor, ihm zu sagen, wie nett es von ihm war, sich mit ihnen abzugeben und sie ernstzunehmen. Corey war einer der Organisatoren der »Special Olympic« – Laufwettkämpfe gewesen, die auf seinem Campus stattfanden. Carl und Kate nahmen sich vor, ihn dafür zu loben. »Die Kinder waren gern bei dir. Hast du gemerkt, wie glücklich sie waren, wenn du ihnen geholfen hast? Du hast eine Menge gelernt für die Zeit, wenn du einmal selbst Kinder hast. Es ist immer wichtig, Kindern zuzuhören. Sie werden dich nicht vergessen.«

Die Eltern machten sich klar, daß man solche Sachen nicht einfach so mitten im Alltagsgespräch erwähnen konnte. »Hallo! Wie war's in der Schule? Iß was, ach, und übrigens, du hast das bei den »Olympics« ganz prima gemacht.« Nein, so ging es nicht. Das war ein heikles Thema, und man mußte den richtigen Augenblick wählen, um darüber zu sprechen – einen ruhigen Augenblick, wo ein wirkliches Zuhören möglich war. Man konnte zum Beispiel eine Bemerkung fallenlassen, während man Corey den Rücken kraulte. Oder bei einer letzten Cola vor dem Zubettgehen. Solche Bemerkungen muß man zur richtigen Zeit machen, nicht nur in der richtigen Art. Die Eltern Flanagan haben versucht, eine Intuition für beides zu entwickeln.

In seinem letzten Schuljahr wurde Corey verschiedentlich ausgezeichnet und erhielt manche Belobigung. Einige Sätze klangen Kate und Carl ganz besonders süß im Ohr. So sagte einer der jüngeren Spieler der Fußballmannschaft beim Meisterschaftsbankett am Ende der Saison: »Corey hat immer auf die Neulinge in der Mannschaft geachtet. Er hat uns geholfen und uns immer fair behandelt.«

Das Wasser mag weich und nachgiebig sein,
aber seine Kraft ist gewaltig.

37. Kapitel

Suchen Sie die Einfachheit, und ehren Sie das Bekannte

Eltern im Tao sind sich klar darüber, daß ihre Kinder eine Menge Dinge wissen, die die Eltern in der Schule nicht gelernt haben. Vor allem die Naturwissenschaften haben sich gewaltig weiterentwickelt. Heute stehen den Kindern in der Schule vielfältige Möglichkeiten offen, darunter Kurse über aktuelle Politik, Drogenberatung und interkulturelle Treffen. Eltern sind oft verwirrt, weil ihre Kinder sich taub stellen, wenn man sie fragt: »Was hast du heute in der Schule gelernt?« Die heutige Schulwelt unterscheidet sich so vollständig von der damaligen, daß Eltern sich kaum mehr in sie hineindenken können. Daher müssen Eltern behutsam einen anderen Zugang zur komplexen Welt ihrer eigenen Kinder suchen.

Ihre Kinder wissen viel. Achten Sie ihr Wissen, und bemühen Sie sich, es zu verstehen.

Carl und Kate geht es wie vielen Eltern: Die Erfahrungen mit dem ersten Kind haben ihr Verhalten dem zweiten gegenüber beeinflußt.

Noch in Hollys ersten High-School-Jahren erwarteten ihre Eltern von ihr keine besonderen schulischen Leistungen. Beide Eltern hatten ein College besucht, aber keiner von beiden hatte sich besondere Mühe gegeben. Sie verfolgten die Schullaufbahn ihrer Tochter mit Gelassenheit und rechneten eigentlich nur mit durchschnittlichen Leistungen. Es lag ihnen fern, sie anzuspornen. Aber eines Tages machte der Vertrauenslehrer Holly darauf aufmerksam, daß sie beim Abschluß der High-School Jahrgangs-beste sein werde, wenn sie im gleichen Tempo wie bisher Fort-schritte machte. Das kam für alle unerwartet, und sie sahen nun die Schulbildung mit anderen Augen. Vor allem Holly fand, ihre Eltern müßten in Zukunft mehr von ihr erwarten.

Kate und Carl erkannten, daß manches, was Holly tat, Ausfluß ihrer Persönlichkeit und ihrer eigenen Interessen war; und genau das trug zu ihrem Erfolg in der Schule bei. Sie sahen, daß Holly sich viele Prinzipien zu eigen gemacht hatte, die zum Teil auf den Einfluß ihrer Eltern zurückgingen, zum Teil auf den Umgang mit der Großfamilie, zum Teil aber auch auf eigene Gedanken: Schule bedeutet Verantwortung. Du schaffst, was du willst. Sei mutig. Erwarte viel von dir selbst. Sei ausdauernd. Sei kameradschaft-lich. Versuche, alles von der positiven Seite zu sehen. Sei ein Freund.

Als sich für Holly alles weiterhin vorteilhaft entwickelte, ver-standen ihre Eltern immer besser, nach welchen Prinzipien man in der Schule leben mußte, um Erfolg zu haben. Holly ist über-zeugt, daß sie ihre Eltern auf manche Gedanken gebracht hat, die sie bei der Erziehung des zweiten Kindes einsetzen konnten.

Lernen Sie von den Kindern.
Sie müssen nicht alles wissen.

38. Kapitel

Tugend belohnt sich selbst; Streit entsteht, wenn man vom Weg abkommt

Die besten Eltern sind diejenigen, die es gerne und mit Freude sind. Weise Eltern erwarten, sich gut zu schlagen. Eltern haben vielfältige Aufgaben; unter anderem müssen sie ein Leben lang lernen. Gute Eltern hoffen nicht auf Status und Reichtum; sie geben das beste Beispiel für eine Motivation »aus sich selbst heraus«. Sie brauchen keine besondere Belohnung. Im Leben tauchen immer wieder Probleme auf, aber im Tao erwarten Eltern das Morgen mit Optimismus und dem Gefühl, daß sich ihre Mühe auf lange Sicht lohnen wird.

Erwarten Sie keine Entschädigung für die vielfältigen Pflichten, die Sie als Eltern erfüllen müssen. Wenn Sie eine Stellung annehmen, dann tun Sie alles Nötige, um den Job gut zu machen und Ihren Lohn zu verdienen. Wenn Sie jungen Menschen helfen, Träume zu entwickeln und zu verwirklichen, ist das Lohn genug.

John weiß, daß man mit Kindern Probleme haben kann, selbst in den besten Zeiten. Kinder sind nun einmal Kinder; sie machen nicht immer mit, sie kommen gelegentlich in Schwierigkeiten, und auch mit Unfällen muß man rechnen. Als Dot mit ihren Kindern bei John und seinen Kindern einzog, nahm Ralphs Schlagzeug den größten Teil des Eßzimmers ein. Weil die Familie die Mahlzeiten gemeinsam einnehmen wollte, brauchte man das Eßzimmer – und Ralphs Schlagzeug brauchte eine neue Unterkunft. John half seinem Sohn, es in einem Schuppen am Patio unterzubringen, und es wurden einige Grundregeln aufgestellt.

Die Übungszeit wurde festgelegt: jeden Tag von zwei bis halb vier. Alles war geregelt, und anscheinend zur allgemeinen Zufriedenheit.

Doch eine Nachbarin hielt genau zu dieser Zeit immer ihren Mittagsschlaf. Sie regte sich furchtbar über das Trommeln auf und rief die Polizei, und zwar nicht nur einmal, sondern öfters. Als die Polizei gerade wieder einmal da war, kam Dot vorzeitig von der Arbeit heim und erfuhr so, daß es ein Problem mit der Nachbarschaft gab. Ralph hatte seinen Eltern nichts davon erzählt und die Sache bisher immer selbst gedeichselt. Er versicherte den Polizisten jedesmal, er werde leiser spielen. Außerdem hatten die Beamten sich bisher nie an die Eltern gewandt, was diese doch sehr erstaunte. Jetzt mußten sie mit ihren Nachbarn verhandeln, um sie zu besänftigen und annehmbare Übungszeiten zu vereinbaren. Das Problem mit der Trommelei am Nachmittag wurde schließlich gelöst. John und sein Stiefsohn Joe arbeiteten schwer an einem großangelegten Lärmdämmungsprojekt für die Garage. Die Fugen an den Türen wurden abgedichtet, die Wände wurden verkleidet, und es kamen alte Teppiche hinein. Ralph konnte wieder üben.

John erinnert sich auch an die Zeit, als er sich jeden Samstag um den Rasen rund um die Kirche kümmern mußte. Er beschloß, Ralph und Joe ein paar Dollar dafür zu zahlen, daß sie dabei halfen. Bevor man mit dem Mähen beginnen konnte, mußte einiges erledigt werden: Man mußte die Rasenkanten schneiden, die Wege kehren, Büsche und Bäume zuschneiden und Papierfetzen aufsammeln. Die Jungen hatten überhaupt keine Lust, die Abfälle aufzuheben, bis John festlegte, daß erst saubergemacht werden mußte, bevor einer der Jungen sich auf den kleinen Traktormäher setzen durfte.

Einige Wochen lang versuchte Ralph, länger auf dem Mäher bleiben zu können als sein Stiefbruder, weil er älter war, aber vorerst galt die Regel, daß jeder genau gleich lang fahren durfte. Dann verlor Ralph das Interesse an der ganzen Sache. Trotz der Bezahlung wollte und konnte er sich nicht mehr um den Rasen kümmern. Schließlich blieb er zu Hause und machte andere Sachen, die ihm wichtig waren. Am Ende wurde ihm erlaubt, andere Aufgaben zu erledigen, sofern sie irgendwie der Allgemeinheit dienten. Joe wiederum war froh, daß er der einzige Sohn war, der beim Kirchenrasen half, denn jetzt durfte er die ganze Zeit den Rasenmäher bedienen. Die Papierfetzen sammelte John auf.

Ungefähr zur gleichen Zeit hatte die siebenjährige Natalie einen Unfall. Ein Auto fuhr sie an, als sie mit ihrem blauen Fahrrad zur Bibliothek unterwegs war. Als sie an einer Kreuzung die Straße überquerte, kam es zu dem Zusammenstoß, und sie hatte schlimme Schürfwunden und Prellungen an Armen und Beinen und im Gesicht. Glücklicherweise brauchte sie keinen Notarzt, und die Sanitäter, die zu Hilfe kamen, verstanden sie, als sie ihnen ihre Telefonnummer angab. Sie riefen an, und John war zufällig zu Hause. Es war eine der seltenen Gelegenheiten, wo er von einer Sitzung in einer anderen Stadt früher heimkam. Er holte Natalie ab, und alles war gut.

Natalie fühlte sich wohl, Dot aber nicht. Nicht, daß sie ihr Kind vernachlässigt hatte, aber sie hatte doch das Gefühl, sie hätte daheim sein sollen statt an der Universität, wo sie einen Kurs besuchte. Dot beschloß also, erst dann zu ihrem Kurs zu gehen, wenn alle Kinder bei ihren Nachmittagsveranstaltungen sicher aufgehoben waren. Keine Schlüsselkinder, war ihre Devise. Die Folge war, daß sie in ihrem Kurs nur ein »befriedigend« bekam anstelle der Spitzenbenotungen, die sie bisher erhalten hatte. Aber das nahm sie in Kauf für das Bewußtsein, daß die Kinder sicher aufgehoben waren. Dot wußte, daß ihr ständiges Zuspätkommen dem Dozenten ein Dorn im Auge war, aber die Kinder waren schließlich wichtiger. Sie freute sich sehr, als sie entdeckte, daß ihre Kurse im nächsten Semester erst später am Tag begannen. Ihr Seelenfriede war gerettet, und ihre Noten verbesserten sich wieder.

Verfolgen Sie den Weg ganz bewußt;
erwarten Sie keine Belohnung.

39. Kapitel

Demut bringt Ehre

Eltern sind eigenständige Persönlichkeiten. Sie sind unter verschiedenen Umständen aufgewachsen und denken nicht immer gleich, trotz aller Anstrengungen, nach außen Einigkeit zu zeigen. Aber sie müssen es vermeiden, ihre eigenen Vorstellungen durchzusetzen und die des Partners abzuwerten. Sie dürfen nicht in allem, was sie tun oder sagen, deutlich ausdrücken: »Ich habe recht und er (oder sie) hat unrecht.« Wenn es verschiedene Ansichten gibt, ist nicht eine von Haus aus besser. Man muß ruhig überlegen, und meistens dauert es lange, bis man sicher sagen kann, welches Vorgehen in einer gegebenen Situation angemessener ist. Die Kinder sollten in die Entscheidung einbezogen werden.

Überwinden Sie Ihr Ego. Wenn Sie von Ihrer »bescheidenen Meinung« sprechen, sollten Sie es ganz ehrlich so meinen.

Mapita traf ihren späteren Mann auf einer Italienreise. Der Mann von Mapitas Schwester war Italiener, und er war warmherzig, verantwortungsbewußt und anständig. Er hatte Mapitas Vorstellung von italienischen Männern geprägt, und der neue Bekannte schien diesem Bild zu entsprechen. Leider wurde Mapitas Glaube schon nach kurzer Bekanntschaft erschüttert; in Wirklichkeit war ihr Zukünftiger sehr nüchtern und nicht daran interessiert, alle aufregenden Möglichkeiten, die das Leben bot, auszuprobieren. Er sah seine zukünftige Rolle als Vater so: Er würde der Versorger sein, würde Essen, Kleidung, Haus und Rechnungen bezahlen.

Alles, was über die Grundbedürfnisse hinausging, hielt er für überflüssig; das sei in der »Stellenbeschreibung« nicht enthalten. Kaum waren sie verheiratet, merkte Mapita, daß sie dauernd Streit über sehr grundsätzliche Dinge und über ihre Vorstellungen von der Ehe bekamen. Sie war überzeugt, daß auch der Mann mithelfen müsse, das Haus zu einem Heim zu machen. Sie hätte jemanden gebraucht, dem es genauso wichtig war wie ihr, eine warme Familienbeziehung aufzubauen und für eine moralische Erziehung und Lebenseinstellung zu sorgen. Eine Scheidung war unvermeidlich. Aber sie war der Meinung, die Trennung solle die Kinder nicht daran hindern, ihren Vater zu kennen und zu achten.

Mapita spielt die Bedeutung, die ihr Exmann für die Söhne hat, nie herunter. Natürlich haben die Jungen körperlich und charakterlich manches vom Vater geerbt. In all den Jahren ist ihr früherer Mann nie in die USA gekommen. Trotzdem haben die Zwillinge ihren Papa kennengelernt, weil sie selbst nach Europa gereist sind. Mapita und die Jungen sind froh, daß sie diese Gelegenheit genutzt haben.

Die Jungen waren in Italien, weil es die Heimat ihres Vaters ist, und sie haben auch des öfteren Verwandte von ihm getroffen. Einmal waren sie zu einem längeren Aufenthalt bei einem Onkel und einer Tante in einer kleinen Stadt mitten zwischen Rom und Venedig eingeladen. Dort lernten sie die Freuden der italienischen Kultur kennen. Sie baten darum, im Familienbetrieb mitarbeiten zu dürfen, einem kleinen Pizzarestaurant mit Straßenverkauf. Sie hatten täglich Kontakt zu den Einwohnern und halfen beim Teigmachen.

Jetzt, wo die Zwillinge allmählich erwachsen werden, träumen sie davon, wieder nach Italien zu fahren und viele kleine Städte zu besuchen. Aber ihr Vater wohnt nicht mehr in Italien. Er lebt schon seit Jahren als Gastarbeiter in Deutschland, bei einer Firma für chirurgische Präzisionsinstrumente.

Wegen ihrer italienischen Wurzeln halten die Jungen die italienische Küche für die beste der Welt. Wenn sie »groß ausgehen«, gehört für sie ein Essen in einem guten italienischen Restaurant unbedingt dazu. Sie betrachten ihr italienisches Erbe als genauso wichtig wie ihre mexikanisch-amerikanischen Wurzeln.

Wer die Einheit erlangt, findet Erfüllung. Die größten Skulpturen scheinen sich von selbst aus dem Lehm zu formen. Kluge Eltern rühmen sich nicht.

40. Kapitel

Etwas kommt von nichts;
nichts kommt von etwas

Kluge Eltern erkennen, daß die Wechselbeziehung zwischen Gegen-
sätzen das Verstehen fördert. Der Lernprozeß ist von Spannungen
begleitet, und die Kinder müssen Gelegenheit bekommen, anderer
Meinung zu sein und dann für die Meinungsverschiedenheit eine
Lösung zu finden. Es gibt kein Leben ohne den Tod. Man braucht das
Männliche und das Weibliche. Man braucht das Hohe und das Nied-
rige. Der Weg fördert die Einheit. Lassen Sie Ihre Kinder gegensätzli-
che Standpunkte kennenlernen. Sie brauchen ihnen nicht zu sagen,
welchen sie einnehmen sollen. Wenn sie einen verstehen, können sie
auch den anderen besser verstehen.

An einem Samstagmorgen brachte Kate Holly, die in der achten
Klasse war, zu einer Schulveranstaltung in ihre Schule Our Lady
of Hope. Kate erledigte einige Einkäufe, und auf der Heimfahrt
sah sie einen Demonstrationszug mit Leuten jeden Alters die
Main Street entlangmarschieren – mitten darunter ihre eigene
Tochter. Holly trug ein großes Transparent mit der Aufschrift:
»Tötet keine ungeborenen Kinder!« Kate war empört. Sie hatte
von der Demonstration nichts gewußt, und am meisten irritierte
sie das ganze, weil über Fragen der Geburtenkontrolle zu Hause
überhaupt noch nicht gesprochen worden war.

Als Carl und Kate Holly später von der Schule abholten,
äußerten sie auf der Heimfahrt freundliches Erstaunen. »Hi. Wir
waren platt, dich bei der Demo zu sehen. Wir wußten gar nicht,

daß das vorgesehen war. Was hat man euch denn in der Schule über Abtreibung erzählt? Das ist ein sehr umstrittenes Thema.«

»Abtreibung ist ein Unrecht. Man darf ein ungeborenes Kind nicht töten. Es ist ein menschliches Wesen.«

»Das ist richtig. Ich glaube auch nicht, daß wir *je* an eine Abtreibung denken würden. Aber du sollst wissen, warum manche hochanständige Menschen anders darüber denken.« Kate und Carl erzählten Holly, aus welchen Gründen Abtreibung legalisiert worden war. Beide hatten als Teenager Mädchen gekannt, die illegale Abbrüche mitgemacht hatten. Eine 15jährige hatte bei einer verpfuschten häuslichen Abtreibung mit einem Kleiderhaken ein lebenslanges Trauma davongetragen. Die andere litt nach einer illegalen Abtreibung jenseits der mexikanischen Grenze unter dauernden Schmerzen. Sie hatte ständig Probleme, wurde drogenabhängig und suchte sich immer die falschen Freunde. Sie schilderten Holly auch das schreckliche Leben mancher Kinder, deren Eltern nicht für sie sorgen können. Sie erzählten ihr aber auch, warum sie Menschen respektierten, die sich gegen Abtreibung aussprachen.

Carl und Kate ließen ihre Tochter wissen, daß sie für sich selbst einen Abbruch auf jeden Fall ablehnen würden, daß sie aber verstünden, warum andere Leute sich dafür entschieden. Es kam bei Gelegenheit noch zu anderen Unterhaltungen über strittige Themen, zum Beispiel Scheidung, Todesstrafe oder Gefängnis, und immer teilten die Flanagans ihrer Tochter mit, daß es verschiedene Meinungen dazu gab, und daß man als verantwortungsvoller Mensch die Pflicht hatte, sich ernsthaft mit den Argumenten und Gefühlen beider Seiten zu beschäftigen, bevor man seine persönliche Entscheidung traf.

Die richtige Antwort ist, daß eine Antwort
vielleicht nicht für alle gilt.

41. Kapitel

Der Schein kann trügen; man lernt den Weg durch Intuition und unermüdliche Übung kennen

Kluge Eltern geben nicht auf. Sie wissen, daß es manchmal so aussieht, als machten die Kinder überhaupt keine Fortschritte, aber sie verlieren das Tao nicht aus dem Auge. Bei vielen Kindern dauert es Jahre, bis sie wirklich sie selbst werden. Man unterstützt das persönliche Wachstum von Kindern, wenn man sie zu Tätigkeiten anregt, für die sie Können und Wissen benötigen. Wer Musik liebt, beschäftigt sich mit Musik. Wer Mathematik liebt, beschäftigt sich mit Mathematik. Allerdings ist das nicht immer offensichtlich, denn Menschen beschäftigen sich mit Mathematik und Musik (und anderen Dingen) auf sehr unterschiedliche Weise. Vielleicht wird zum Beispiel ein leidenschaftlicher Musikhörer nicht Musiker, sondern Musikkritiker. Menschen, die an logischem Denken ihre Freude haben, werden vielleicht Systemanalytiker, nicht Mathematiker.

Seien Sie nicht ungeduldig mit Spätentwicklern. Blicken Sie zurück, und suchen Sie nach einem roten Faden, der sich durch das Leben Ihres Kindes zieht, zum Beispiel die Beschäftigung mit Kunst, mit Sprache, mit anderen Menschen oder irgend etwas anderes. Sprechen Sie darüber, aber seien Sie sich immer bewußt, daß Ihre Kinder ihren Lebensweg selbst finden müssen. Helfen Sie ihnen bei der Entfaltung.

Ralph gehörte zu den Schülern, die genug arbeiten, um durchzukommen, die aber nie gern einen Aufsatz schreiben oder einen Test ablegen. Er war ein Träumer, Zeichner und Schlagzeuger. Als

Dot ihn – ihren neuen Stiefsohn – zum erstenmal traf, sah sie einen gutaussehenden Jungen mit einem hübschen Gesicht vor sich, mit schulterlangem blondem Haar und einem weißen Stirnband. Sie wunderte sich im stillen, wie ein so konventioneller Mann wie John zu einem derart ausgeflippten Sohn kam. Der Vater war tatkräftig, der Sohn ein Tagträumer, der miserable Noten nach Hause brachte. Er zeichnete viel, aber für die Hausaufgaben hatte er nie genug Zeit übrig.

Dot war überzeugt, daß sie sich an dieses exzentrische Kind gewöhnen könne, und sie war überzeugt, daß er sich an sie gewöhnen werde, obwohl er zur Hochzeit absichtlich Stunden zu spät gekommen war. Aber sie war nicht darauf gefaßt gewesen, wie es in seinem Zimmer aussah. Alle vier Wände waren bedeckt mit Tuschezeichnungen und Schriftzügen, mit Skizzen, Comics, Karikaturen, Gedichten, Zitaten und Parolen. Ihre Reaktion auf dieses chaotische Zimmer machte ihr klar, daß eine Menge Denkarbeit vor ihr lag, wenn sie sich an ihr neues Heim gewöhnen wollte. Sie kam sich ziemlich prüde, arg konventionell und recht pedantisch vor.

Ralph interessierte sich für Kunst und Trommeln. Er gehörte zur Redaktion des Schuljahrbuchs und lieferte einmal sogar das Umschlagbild.

Ralphs extreme Unabhängigkeit war die eine Seite – die andere war, daß dieser außergewöhnliche Junge, wie Dot sagt, einer der liebenswürdigsten, freundlichsten und sanftesten Menschen auf der Welt war. Wie alle Singleton-Kinder ging er zur Kirche – meistens in die, wo gerade am meisten los war. Er half in einem Tagespflegeheim bei der Arbeit.

Schließlich konzentrierte sich sein Interesse auf eine bestimmte Kirche. Hausaufgabenmachen und Bücherwälzen war nie seine Sache gewesen, aber jetzt schloß er frisch motiviert das College ab, mit Religion als Hauptfach.

Er bekam ein Stipendium für Missionsarbeit in Japan, wo er als spiritueller Führer sehr begehrt war. Aufgrund seines feinen Gehörs sprach er bald fließend Japanisch. Sein Charakter machte ihn in seiner neuen Umgebung beliebt, und er arbeitete schließlich für drei verschiedene Kirchen. Unter anderem veranstaltete er westliche Trauungen, mit weißen Kleidern und allem Drum und Dran. Das gehörte zu seinen normalen Pflichten. Er spielte auch in allen drei Kirchen auf seinem Schlagzeug. Seine Fähigkeit, andere mitzureißen, erregt allgemeine Bewunderung. Er hat eine feste Freundin und wird wohl früher oder später heiraten, sagen Dot und John. Er ist immer langsam, tastend und auf Umwegen zu seinen Entscheidungen gekommen, aber er erfüllt seine Verpflichtungen, wenn er sich einmal darauf eingelassen hat.

Bedeutende Charakterzüge sind oft nicht
auf den ersten Blick erkennbar.

42. Kapitel

Harmonie entsteht, wenn sich das Passive und das Aktive, Yin und Yang, verbinden

Am vorteilhaftesten ist es für ein Kind, wenn zwei verschiedene Erziehungskräfte zusammenwirken. Es ist nicht ungewöhnlich, daß Mutter und Vater in der gleichen Situation verschieden reagieren. Die Förderung eines Kindes durch Einsicht und Intuition (Yin) wirkt immer in Verbindung mit ausdrücklicher Leitung und Erklärung (Yang). Die beiden Eltern können verschiedene, sich ergänzende Rollen übernehmen, es kann aber auch ein einzelner Elternteil beide Einflüsse zugleich ausüben. Die Kräfte des Yin werden traditionell als weiblich verstanden, die des Yang als männlich, aber die Erziehung einer Mutter kann sehr yang-mäßig sein und die Haltung eines Vaters durchaus dem Yin entsprechen. Wenn ein Kind etwas falsch macht, hält vielleicht die Mutter die Strafpredigt und weist das Kind auf die wahrscheinlichen Folgen seines Verhaltens hin, während der Vater vielleicht abwartet, wie sich die Situation von selbst entwickelt. Es schadet nicht, wenn die Eltern sich unterschiedlich verhalten, solange sie nur grundsätzlich das gleiche wollen und den Kindern keine widersprüchlichen Botschaften vermitteln.

Sprechen Sie Ihr Anliegen den Kindern gegenüber ruhig direkt aus, aber erlauben Sie ihnen auch, aus den Lehren, die das Leben so spürbar erteilt, ihre eigenen Schlüsse zu ziehen und ihr eigenes Wertesystem zu errichten.

Als John und Dot heirateten, zog Dot mit ihren Kindern zu John und seinen Kindern. Sehr bald schon zeigte sich, was für Ergebnisse ihre unterschiedlichen Erziehungsgrundsätze gezeitigt hatten. Dots Kinder waren an tägliche Pflichten im Haushalt und an Wochenpläne gewöhnt. Bei Dot mußte das Haus immer sauber sein. Johns Kinder dagegen hatten in ihrer ersten Familie viele Freiheiten genossen. Hausarbeit war nebensächlich, die Erwachsenen organisierten den Haushalt (und machten alle Arbeit). Ihr Heim war nicht verwahrlost, aber nur selten aufgeräumt, mit Ausnahme von Johns Zimmer, das makellos sauber war.

Jetzt gab es neue Familienverhältnisse, und Johns Kinder fanden Dot furchtbar autoritär. Sie ärgerten sich, wenn ihnen Arbeiten aufgetragen wurden. Andererseits merkten Dots Kinder schnell, daß John ein großzügiger Vater war, mit dem man gut auskam und der über vieles hinwegsah.

Als Dot eines Tages vom Supermarkt heimkam und das Haus betrat, hörte sie eine Mischung aus lauten Jubelrufen und Protestgeschrei. Im Eßzimmer war eine Rutschbahn eingerichtet. Die Kinder hatten sich zwei Matratzen geholt und sie mit dem ovalen Eßtisch zu einer Rutschbahn zusammengebaut. Darauf konnten zwei Kinder gleichzeitig herunterrutschen, während die anderen auf den Tisch kletterten, um auch wieder zu rutschen. Die ungerade Zahl brachte es mit sich, daß geschubst und gestoßen wurde; es gab Zusammenstöße und Gekreisch. Die fünf Kinder hatten das perfekte Chaos geschaffen.

Mit fester Stimme rief Dot: »Halt! Das geht zu weit. Unser Eßzimmer ist kein Spielplatz. Und Matratzen sind keine Rutschbahnen.« Die Kinder mußten aufräumen. »Bringt die Matratzen ordentlich zurück. Legt die Bettücher sauber darauf und steckt sie ein. Legt die Decken wieder darauf, die runden Ecken am Fußende.« Dann schickte sie sie ins Freie.

Später besprach sie die Sache mit John, und sie kamen überein, daß es so nicht weitergehen könne. John freute sich zwar über den Einfallsreichtum ihres Nachwuchses und war der Meinung,

Kinder seien eben Kinder, aber er erkannte doch auch die Gefährlichkeit solcher Spiele. Dot war entsetzt über das Chaos und über die möglichen Gefahren für Kinder und Einrichtung, aber sie freute sich darüber, daß die Kinder gemeinsam gespielt hatten. Beide sahen jetzt ihre Aufgabe darin, Einigkeit zu zeigen und aus dem Ereignis Konsequenzen für die Zukunft zu ziehen. Die Matratzengeschichte war nicht das erste derartige Abenteuer und würde auch nicht das letzte sein. Aber sie mußten die Wahrscheinlichkeit, daß dergleichen wieder passierte, gering halten. Als die Familie abends beim Essen zusammensaß, stellten John und Dot einige Dinge klar: Möbel dürfen nicht ohne Erlaubnis zweckentfremdet werden. Man muß vor allem an Sicherheit denken. In dieser Familie teilen sich alle in die Verantwortung.

Sie machten auch verschiedene Vorschläge, die allgemeiner Zustimmung bedurften. Eine Liste der notwendigen Arbeiten mußte aufgestellt werden, mit Auswahlmöglichkeiten und Rotationsregeln. Kinder und Erwachsene sollten sie gemeinsam erarbeiten. Verschiedene Dinge würden alle entscheiden müssen: Wo darf man innerhalb des Hauses spielen? Wie schlimm darf es an diesem Spielplatz aussehen, und wann wird aufgeräumt? Und von wem? Was muß sonst noch gemacht werden? Wer kümmert sich um was?

Harmonie erreicht man nur gemeinsam.
Man kann auch von einem Verlust profitieren.

43. Kapitel

Nutzen Sie Ihre Findigkeit

Kluge Eltern wissen, daß sie im familiären Zusammenleben das Verhalten prägen und ihre Gedanken weitergeben. Sie machen sich auch klar, daß Kinder voneinander lernen. Ganz bestimmt lernen jüngere Kinder von den älteren, aber auch das Umgekehrte kommt nicht selten vor. Man lernt im Leben von sehr unterschiedlichen Menschen.

Schaffen Sie Gelegenheiten, bei denen Sie und Ihre Kinder voneinander lernen können, aber bedenken Sie auch, daß das wirkliche Leben vielfältigen Lehrstoff bietet – manchmal ganz unerwartet. Sie brauchen kein einziges Wort zu sagen.

Patrick hat seine Schwester sein Leben lang vor Augen gehabt, und er sagt, sie habe ihm im Lauf der Jahre viel gezeigt. Während der Schuljahre lernte er Lieder von ihr, zum Beispiel die Songs über Freiheit und Abenteuer, die sie im Schulzeltlager in der sechsten Klasse lernte. Als er drei, vier Jahre alt war, wollte sie immer Schule spielen, vor allem, wenn sie die Lehrerin sein durfte. Sie fragte ihn gern über Geschichten aus, die sie beide kannten: »Was pflanzte McGregor in seinem Garten? Was mußte Peter tun, wenn er zu Hause blieb?« Patrick ist genau wie seine Schwester ein Musik- und Kinofan. Sie hat ihn vieles gelehrt: Manche Dinge im Leben muß man ernstnehmen, andere sind wieder nicht so besonders wichtig; die High-School ist nur ein Schritt in Richtung Leben; gib dich nicht zu sehr mit den Banalitäten des Lebens ab; sei nicht unhöflich; betrüge nicht; arbeite hart.

Patrick seinerseits hat Cynthia im Lauf der Jahre auch allerhand beigebracht: Ausdauer, Geduld und Humor. Er hat viel mit ihr zusammen unternommen. Obwohl er seine große Schwester oft genug genervt und sie den kleinen Bruder oft genug geärgert hat, mögen die Geschwister sich doch wirklich gern und sind oft beisammen.

Der Tag, als Cynthia in den Canyon fiel, war für Patrick ganz besonders lehrreich. Cynthia spielte mit ihrer Freundin Susan im Hof. Während Margaret gerade mit ihrer Schwester telefonierte, kam Susan durch die Küchentür herein – allein.

»Cynthia ist in den Canyon gefallen!«

»Sehr komisch, Susan. Soll das ein Witz sein?«

»*Ehrlich*, ich sage die Wahrheit. Das ist kein Witz. Sie ist den Hügel runtergerutscht und auf dem Gras immer weitergerutscht und kann nicht raufsteigen.«

Jetzt begriff sie.

»O Gott! Ist sie verletzt? Kann sie sprechen? Geh zurück, damit sie nicht allein ist. Sprich mit ihr! Ich komme sofort.«

Susan hatte so ruhig gesprochen, daß es wie ein schlechter Scherz wirkte. Es war die Sorte Scherz, die Cynthia besonders gern machte – Leuten Angst einjagen. Aber diesmal war es ernst. Margaret sprach mit sich selbst, als hätte sie ein Drehbuch vor sich: Bleib ruhig. Nur keine Panik. Es geht ihr gut. Wir holen sie raus. Unten im Canyon ist es nicht gefährlich. Oder doch?

Sie zog Tennisschuhe an und rannte hinaus in den Garten, der zu einer Reihe hoher Eukalyptusbäume hin abfiel. Die Bäume standen am Rand einer steilen, überwucherten Schlucht, die so eng und tief war, daß man von oben nicht auf den Grund sehen konnte.

Margaret ging seitlich den Hang zur Schlucht hinunter, ganz langsam und vorsichtig; trotzdem rutschte sie bei jedem Schritt.

»Geht es dir gut? Cynthia, bist du verletzt? Kannst du sprechen?«

»Ja. Ich hänge an einem Baum fest. Ich komm' nicht los. Ich bin okay – aber ich hab' mir weh getan.«

»Keine Angst, Liebling. Das kriegen wir schon! Susan, sprich weiter mit ihr. Ich muß ein Rettungsseil holen.«

Als Margaret versuchte, das Seil zu Susan hinunterzulassen, kam zufällig ein Nachbar, Harry, oben an der Straße vorbei. Er war seit vierzig Jahren daran gewöhnt, sich mit sicherem Schritt in seinen Arbeitsstiefeln auf dem steilen Hang zu bewegen. Er schaffte es, hinunterzusteigen und Cynthia zu befreien. Cynthia hatte sich weh getan, sie hatte Kratzer und blaue Flecken, und den Rest des Tages machte sie es sich gemütlich ... und am nächsten Tag auch noch.

Patrick und Lew waren von ihrem Anblick überrascht, als sie nach Hause kamen, und noch überraschter waren sie, als sie die Geschichte erfuhren. Sie bemerkten, wie gut es gewesen sei, daß sie nachdachten, ruhig blieben und einander zuhörten. Wieder einmal war ein Erziehungsabenteuer vorbei, und alle hatten etwas gelernt – auch Patrick, der sich dem Canyon jetzt mit dem höchsten Respekt nähert.

Nur ein Meister kann ohne Worte lehren.

44. Kapitel

Hören Sie rechtzeitig auf, bewahren Sie Ihre Gesundheit. Erhalten Sie die Balance

Eltern wissen, daß die Aufgaben in Haushalt und Kindererziehung vielfältig und endlos sind. In einer Welt, in der so viele Eltern berufstätig sind, wird die Belastung noch größer. Aber im Tao lernen die Eltern, wie man Prioritäten setzen und die Arbeit begrenzen kann. Weil sie wissen, daß sie Aufgaben besser am Morgen oder Abend erledigen können, teilen sich kluge Eltern ihre Zeit entsprechend ein. Sie sollten sich auch dadurch entlasten, daß sie Pflichten klug verteilen. Kinder sind tüchtig und voller Energie. Auch Freunde, Nachbarn und Verwandte können helfen.

Nehmen Sie Rücksicht auf Ihre individuellen Grenzen und schreiben Sie die Dinge auf, die Sie tun wollen und müssen. Überlegen Sie, wie Sie in der Familie Arbeit und Vergnügen verbinden können. Vergessen Sie nicht, sich selbst zu belohnen, wenn Sie Ihre Pflichten erfüllt haben. Streben Sie nach Zufriedenheit.

Mapita wollte immer, daß ihre Söhne Mexiko und ihre mexikanischen Wurzeln kennenlernen. Aber sie wußte auch, daß sie die Traditionen nicht alle selbst vermitteln konnte. Daher organisierte und überwachte Mapita in den Sommerferien ein Sprachenprogramm für Lehrer mehrerer Schulen. Damit konnte sie auch etwas für die Fortbildung ihrer Kollegen tun. Sie fuhr mit den Jungen und zwölf Lehrern sechs Sommer hintereinander nach Oaxaca in Mexiko. Dort bot sie ihren Kollegen ein Programm, das sie in die Lage versetzte, mit der ständig wachsenden Zahl spanischsprachiger Familien in ihren Schuldistrikten angemessen umzugehen.

Die zwei amerikanischen Jungen fanden es lustig, in einem mexikanischen Hotel zu leben. Von den alten Männern, die den späten Nachmittag in der Hotelhalle verbrachten, lernten sie Schach und Dame spielen. Sie durften sich im Hotel frei bewegen, solange sie keinen Lärm machten und niemanden störten. Während ihre Mutter unterrichtete, hatten sie einen Babysitter. Dadurch bekamen sie Gelegenheit, mit mexikanischen Kindern zu spielen, ihr Spanisch zu verbessern und neue Spiele zu lernen. Einen Teil der Zeit verbrachten sie auch in einem Kindergarten, unterhielten sich mit den mexikanischen Betreuern und machten bei kulturellen Ereignissen und Ausflügen mit.

Weil die Jungen gut erzogen waren, waren sie vielerorts willkommen, auch bei Kulturveranstaltungen, die eigentlich für viel ältere Jugendliche gedacht waren. Sie durften ein Restaurant besuchen, in dem präkolumbianische Tänze gezeigt wurden, und trotz der lauten Trommeln schliefen sie ein und verpaßten die ganze Show. Die Familie besuchte auch den Kunstpalast von Mexico City, wo am Abend ein Flamencokonzert stattfand. Diesmal blieben die Jungen wach.

Einmal erlaubte Mapita den Jungen, länger in Oaxaca zu bleiben und dort sechs Wochen lang die Schule zu besuchen, während sie wieder in die USA zu ihrer Arbeit zurück mußte. Sie kamen bei einer Freundin von Mapita unter, die Mapita schon oft gebeten hatte, die Jungen bleiben und am mexikanischen Schulbetrieb teilnehmen zu lassen. Mapita freute sich, einmal allein zu sein und sich auf ihren Beruf konzentrieren zu können und dabei zu wissen, daß die Jungen wertvolle Erfahrungen machten. Die Jungen waren elf Jahre alt und in der sechsten Klasse. In diesen sechs Wochen bekam Mapita von ihnen mehrere Briefe, normalerweise sorgfältig auf der Schreibmaschine geschrieben. Hier zwei davon:

Liebe Mama,

wie geht es dir? Mir geht es gut. Carlos und Juanita haben für uns eine Party gegeben. Die Pinata hat ausgesehen wie Bart Simpson.

Die Schule gefällt uns hier. Wir marschieren viel. Wir grüßen die Fahne im Schulhof. Jeden Montag tragen wir unsere Galauniform; die ist ganz weiß mit einem roten Pullover. Heute haben wir in der Schule ein Gedicht gelesen. Ich habe es schon gekannt.

Doña Lupe zeigt uns, wie man Jacks spielt. Ach, Mama. Der Papagei Candy fliegt in seinem Käfig herum.

Herzliche Grüße,

Samuel

P.S. Es gefällt mir gut.

P.P.S. Ich hab' dich lieb.

P.P.P.S. Schreib bald!

Ein anderer Brief war halb auf spanisch geschrieben; Samuel erprobte seine neuerworbenen Sprachkenntnisse.

Hola,

Como estas estoy bien y apsendiando hablar a escribir en espaniol a mis amigos. La maestra es muy buena. En todo ella no is enojona. No pega los mionos.

Ich habe spanisch geschrieben. In der Schule ist es jetzt manchmal lästig, weil mich die Mädchen fragen, ob ich mit ihnen gehen will. Ich bin gemein. Ich habe nein gesagt. Ich hab' direkt Angst. Die können einen in der Pause ganz schön nerven.

Jacobs Brief klang anders:

Liebe Mama,
ich höre gerade New Kids on the Block. »Today is the new day«. Du fehlst
mir sehr. Wieder eine Woche weniger, bis wir dich wiedersehen. Ich schik-
ke dir ein Geschenk mit. Ich liebe dich.
Jacob
P.S. Korrigiere meinen Brief. Kopiere ihn und schick mir eine Kopie zurück.
Und danke.

Die Erfahrungen der Jungen in ihrer »anderen« Kultur wirkten
sich auch auf ihr tägliches Leben aus. Sie beherrschten die spani-
sche Sprache jetzt so gut, daß sie sich mit den Mitgliedern der spanischen Gemeinde und mit ihren Verwandten besser unterhalten
konnten und auch beim Sprachunterricht in der Schule Vorteile
hatten. Jetzt verstanden sie auch den Ursprung mancher Ereignisse und Redewendungen in ihrer südkalifornischen Umwelt, die
auf die hispanische Kultur zurückgingen. Vor allem aber hatten
sie eine neue Achtung vor ihren mexikanischen Wurzeln gewonnen. Und Mapita hatte sich in Ruhe auf das neue Schuljahr vorbereiten können und Zeit gehabt, sich ein bißchen zu erholen.

Wer Zufriedenheit kennt, erschöpft seine Seele nicht.

45. Kapitel

Ruhe ist wichtiger als Perfektion

Aufgeregte und ärgerliche Eltern können nichts ausrichten. Kluge Eltern wissen es so einzurichten, daß sie Musterbeispiele der Ruhe werden, indem sie stille Augenblicke der Meditation oder des Nachdenkens in den Tageslauf einbauen. Sie nehmen dafür eventuell in Kauf, daß etwas anderes zu kurz kommt. Eltern müssen immer daran denken, einander zu helfen. Man kann sich zum Beispiel die Nachtfütterungen teilen, wenn die Kinder noch Babys sind. Wenn sie größer werden, muß man zu Sportereignissen und Elternabenden gehen. Diese Pflichten kann man aufteilen oder gemeinsam erfüllen, je nachdem, was allen am meisten Spaß macht, Eltern natürlich inklusive. Werden aus Kindern Teenager, lauten die Fragen: »Wer holt sie spät in der Nacht ab? Wer bleibt auf, bis sie heimkommen?«

Zeiten der Ruhe entstehen für verschiedene Menschen auf verschiedene Weise. Der eine schaltet vielleicht einfach ab, indem er nichts tut, während ein anderer abschaltet, wenn er sich ganz auf eine Aufgabe konzentriert und alles andere vergißt. Das kann manchmal nach harter Arbeit aussehen, ist aber doch nur eine Methode, eine Zeitlang ganz in sich selbst zu ruhen. Viele Konflikte zwischen Familienmitgliedern lassen sich vermeiden, wenn alle sich ihrer Verschiedenheit bewußt sind.

Wenn Sie Ihr Kind antreiben, kann es vielleicht Hervorragendes leisten. Aber das Kind muß wissen, worauf es sich einläßt. Wer als Schwimmer oder Turnerin olympiareife Leistungen anstrebt, muß dafür einen wichtigen Teil seiner Kindheit opfern.

Als Cynthia, ihr erstes Kind, geboren wurde, hatte Margaret das Gefühl, die Geburtsanzeigen müßten einfach großartig sein. Handgedruckte Lithografien sollten es sein, sowohl das Umschlagbild als auch der Text auf der Innenseite sollten im Handdruckverfahren hergestellt werden. So saß die junge Mutter Stunden und Tage am Küchentisch und druckte die Anzeigen, umgeben von Linoleumstücken, Tinte und Spezialpapier. Die Ergebnisse gefielen ihr zwar, aber sie wurde immer müder. Es fiel ihr immer schwerer, nachts aufzustehen, um Cynthia zu füttern, und obwohl Lew immer hilfsbereit war, litt sie bald unter einer postnatalen Depression.

Als fünf Jahre später Patrick kam, entschied sie, daß fotokopierte Geburtsanzeigen vollauf genügten. Überhaupt waren die ersten Wochen mit dem neuen Baby sehr viel weniger anstrengend und stressig. Margaret nahm sich Zeit für sich selbst, und wenn das Baby schlief, ruhte auch sie sich aus; sie empfand das nicht mehr als Zeitverschwendung. Wie so viele Mütter mit dem zweiten Kind, nahm auch sie die Sache gelassener. Sie und Lew machten auch noch von Patricks Babygebrabbel Tonbandaufnahmen und später von seinen ersten Worten und Liedern, aber nicht mehr jeden Monat eine. Sie nahmen in Patricks erstem Jahr drei Bänder auf und später nur noch gelegentlich eines.

Als die Kinder größer wurden, fand man es in der Familie Williams sehr erholsam, am Kamin zu sitzen und den Aufnahmen von alten Radioshows zuzuhören. Lew kümmerte sich um das Feuer, und alle suchten sich einen bequemen Platz zum Sitzen oder Liegen. Favorit unter den Tonband-Serien war »Der Zimtbär«, eine Feriengeschichte, die ursprünglich im Mittelwesten gesendet worden war, als Lew und Margaret selbst noch Kinder waren.

Nicht alle in der Familie haben die gleiche Vorstellung von Erholung. Margaret fährt gern mit dem Auto herum und sieht sich einfach die Gegend an, aber Lew findet das gräßlich. Er hat es nie leiden können, wenn seine Eltern ihn und die Geschwister für einen Sonntagsausflug ins Auto stopften. Für Margaret aber hat das in ihren Kinderjahren einen Höhepunkt der Woche bedeutet.

Lew liebt klassische Musik. Er kann stundenlang zuhören, aber Margaret geht nach einer Weile; es langweilt sie. Sie ist ein Augen-, kein Ohrenmensch. Sie schätzt weite Spaziergänge, hat ein offenes Auge für alles, was es unterwegs zu sehen gibt, und notiert es sich in ihrem Tagebuch.

Der alte Hund ist einer meiner Lieblingsnachbarn. Er sieht jetzt aus wie ein Löwe, weil das Fell auf seinem Rücken und oben am Schwanz fast ganz verschwunden und nur eine Halskrause von grauem und schwarzem Fell übriggeblieben ist und dazu ein schwarzes Büschel am Schwanzende. Er streift seit einigen Jahren durch unsere Gegend und gehört eigentlich niemand, obwohl er aus einer Schüssel frißt, die man ihm bei dem braunen Steinhaus hinausstellt. Er hat keine Marke. Er geht in alle Höfe, nur um sich umzusehen, und bellt ein bißchen, bloß damit die Leute wissen, daß er da ist. Er knurrt nie und macht einen sehr gutmütigen Eindruck, kommt aber doch nicht her, um sich streicheln zu lassen. Er ist nur ein alter schwarzer Spaniel, der ein schweres Leben gehabt und es geschafft hat, dem Hundefänger aus dem Weg zu gehen.

Cynthia liebt anstrengende Bergtouren. In der achten Klasse wollte sie lieber in den Yosemite Nationalpark gehen und gewaltige Berge besteigen als nach Washington fliegen und dort die Sehenswürdigkeiten anschauen.

Laufen war jahrelang ihr Lieblingssport, sie tanzt gern, macht Wanderungen und nimmt nur Jobs an, die mit viel Bewegung verbunden sind.

Patrick dagegen findet, daß man nicht in der Gegend herumlaufen muß, um Frieden zu finden. Er findet es unvernünftig, sich körperlich zu verausgaben, wenn man Ruhe erlangen will. Er sitzt lieber lesend in einem gemütlichen Lehnstuhl oder verbringt die Zeit mit ein paar Freunden.

Andere Familien haben andere Vorstellungen von Erziehung, stellt Margaret fest. Bei einer Essenseinladung hörte sie einmal, wie eine Frau mit großem karitativem Engagement schilderte, wie sie und ihr Mann ihre beiden Kinder verwöhnt hatten.

»Ich glaube, wir waren einfach zu vernarrt in sie«, lachte sie. Alle lachten mit, denn sie fanden das sehr treffend, und sie wußten, was gemeint war. Als sie beschrieb, was sie alles gekauft, welche Opfer sie gebracht und wie viele Fehler sie verziehen hatten, wurde klar, daß sie zu perfekt sein wollten. Sie hatten den allerbesten Hund gekauft und die allerbesten Halloween-Kostüme gemacht und ihr ganzes Leben der Aufgabe gewidmet, die allerbesten Kinder heranzuziehen.

Wenn man sehr *viel* über sie spricht, ist man wahrscheinlich zu sehr in seine Kinder vernarrt. Man redet dann dauernd über ihre Kleidung, Spielsachen, Ferienlager und Unternehmungen. Dann diskutiert man über das Schulpersonal (»Die Lehrerin in der Begabtenklasse ist nicht so gut wie die vorige.«). und über die Schulleiterin (»Besser als die vorige ist sie wenigstens.«). Dann spricht man über die Opfer, die man für seine Kinder bringt (»Vier Wochen lang an einem Bären- und einem Häschenkostüm gearbeitet!« – »Wir haben uns für den teureren Hund entschieden, weil Bernhardiner so lieb zu Kindern sind.«). Und natürlich spricht man über ihre Freunde (»Er hat seinen Geburtstag im Restaurant gefeiert, jeder konnte soviel essen, wie er wollte.«). Dann spricht man über Regeln (»Keine Halloween-Süßigkeiten vor dem Frühstück!«) und Sport (»Fußball ohne Ende!«). Und schließlich spricht man darüber, wie hektisch das Leben wegen der Kinder ist.

Nach Margarets Meinung ist für eine solche Mutter das einzige Heilmittel, sich wieder einen Job zu suchen.

Eine angeschlagene Tasse ist immer noch zu gebrauchen. Suchen Sie Frieden und Ruhe, um die Welt wieder ins Lot zu bringen. Reservieren Sie sich Zeit für die Dinge, die Ihnen helfen, zu sich selbst zu finden und ruhig zu werden.

46. Kapitel

Geben Sie sich mit Zufriedenheit zufrieden

Kluge Eltern begreifen, daß man in den einfachen Freuden des Lebens Glück finden kann. Freundschaften, Lektüre, Musik und Naturgenuß können ein Leben lang Freude bereiten. Für Abenteuer muß man nicht an teure oder exotische Orte reisen. Übertriebene Wünsche führen zu Neid und Eifersucht. Im Tao erkennen Eltern auch, daß jeder in der Familie das warme Gefühl der Zufriedenheit braucht. Auch Ehrgeiz ist wichtig, aber er darf nicht auf Kosten der seelischen oder körperlichen Gesundheit gehen. Im Gras zu liegen und die Gedanken mit den Wolken wandern zu lassen oder den Sternenhimmel zu betrachten – das sind Augenblicke des Friedens, die man nicht kaufen kann. Zehn Minuten, die man sich im Bett noch gönnt, oder das Gefühl, am warmen Feuer zu sitzen – das sind Dinge, die man nicht kaufen kann. Sehen Sie sich nach einfachen Vergnügungen um. Finden Sie heraus, welche einfachen Dinge im Leben Ihnen Freude machen. Stellen Sie eine Liste auf. Es lohnt sich.

Kate erzählt, daß eins ihrer glücklichsten Erlebnisse ganz einfach war. Die ganze Familie fuhr mit dem Auto in Urlaub. Sie saß am Steuer, Mann und Kinder schliefen um sie herum, schöne Landschaften glitten im milden Morgenlicht vorbei, und sie trank eine Tasse heißen Kaffee. Irgendwie verbinden sich für sie die schönsten Erinnerungen mit Autofahrten in den Weststaaten der USA; die Familie fuhr oft nach Colorado, um Carls Schwester und Schwager zu besuchen.

Jede Essenspause ist auf diesen Fahrten ein bedeutendes Ereignis, das im Ablauf von Zeit und Entfernung Akzente setzt. Die Familienmitglieder dürfen reihum bestimmen, wo gehalten und gegessen wird. Ein Frühstück im Hungry Man Country Buffet oder in einem Café schmeckt einfach großartig. Alle Flanagans schwärmen für Pfannkuchen mit Sirup. Mittagessen? Wie wäre es mit dem Diner aus den Fünfzigern, in dem es an jedem Tisch eine Jukebox gibt? Ganz wunderbare Hamburger, und man muß unbedingt die Rock-and-Roll-Musik spielen. Mama möchte Motown hören. Auch zum Abendessen wählen sie ländliche Straßencafés und einfache Restaurants. Kein Fast food, wenn man die Landschaft genießt. Und das Motel? Jedes saubere Zimmer war eigentlich gut genug.

In den Ferien bei Tante Barbara und Onkel Jon macht man eine Menge Besuche, geht auch mal zum Einkaufen und plant ein paar Touren in den Bergen von Colorado. Die zwei Familien unternehmen keine Gewaltmärsche, denn alle freuen sich an der Natur um sie herum. Es sind eher Spaziergänge. Man darf immer stehenbleiben, um eine Aussicht oder die zarte Färbung einer Wildblume zu bewundern. Holly und Corey sind gern mit ihren drei Cousinen zusammen, die altersmäßig alle zwischen ihnen liegen. Espen- und Pinienzweige umrahmen Ausblicke auf schneebedeckte Berge. Bergbäche tosen und stürzen über glitschige Felsen. Der Himmel ändert sich ständig, kann blau oder grau oder purpurn sein, und Wolken aller Art ziehen vorüber.

Das beste Essen der ganzen Woche ist immer das Grillpicknick im Wald. Jedermann hilft, die Schüsseln und Behälter in Kisten zu verstauen, und ab geht es zu einem ihrer Lieblingsplätze, nicht weit von zu Hause. Auch dieser Ausflug ist nichts Großartiges, aber alle fühlen sich restlos glücklich bei Onkel Jons saftigen Hamburgern vom Grill und Tante Barbaras Makkaroni- und Kartoffelsalaten.

Alles möglichst einfach, so lautet die Losung bei den Flanagans. Die Kinder ziehen allerdings Carl gern damit auf, wie einfach sein Geschmack ist. Sie behaupten, er sei zu einfach. Die Kleidung, die er trägt, hat er geschenkt bekommen, denn er selbst kauft sich nie etwas Neues. »Ich hab' doch schon eine Hose, und ein Hemd hab' ich auch schon.« Auch andere Dinge braucht Carl nicht oft. Wenn er ungefähr alle zehn Jahre ein neues Auto kauft, ist es immer eins ohne Radio oder, wie er sagt, »ohne alles«. Er stellt keine Ansprüche und will auch nicht mit Geschenken überschüttet werden.

Wenn Mitglieder der weitverzweigten Familie fragen, warum er und Kate in einer so bescheidenen Gegend wohnen und in einem Haus, das zwar sehr bequem ist, aber nicht besonders schön, dann zieht er sie ein bißchen auf: »Weißt du, ich habe daran gedacht, die Waschmaschine auf der Veranda aufzustellen. Dann kriegen wir ein bißchen frische Luft, wenn wir die Wäsche waschen.«

Die wahre Zufriedenheit ist die geistige und nicht die materielle.

47. Kapitel

Fördern Sie Ihr inneres Wissen

Kluge Eltern entwickeln Einsicht. Sie wissen, daß man nicht an fernen Orten suchen muß, um Weisheit zu erlangen. Sie wissen auch, wann sie eine Entwicklung ganz genau verfolgen müssen, um zu erkennen, worum es geht. Wer ein Gespür für andere entwickelt und die Triebkräfte der Kinder verstehen lernt, kann große Macht ausüben. Solche Leute bedenken stets die Auswirkungen ihrer Worte und Taten. Sie scheuen sich auch nicht, ihren Partner und die Kinder um ihre Meinung zu fragen. Sie lernen aus den Antworten und entwickeln sich weiter.

Zum Nachdenken braucht man nicht aus dem Haus zu gehen. Denken Sie nach, anstatt ziellos herumzurennen.

Morgens schreibt Margaret oft an ihrem Tagebuch. Das macht sie teils zum Vergnügen, manchmal aber auch, wenn sie etwas beunruhigt. Am Abend des ersten Schultags nach den Ferien schrieb sie einmal:

Sie ist ein Spatz von einer Frau. Ihre unförmige Jacke hängt an einem schmalen kleinen Körper, das dünne braune Haar trägt sie in einer Art Knoten im Nacken. Sie ist stolz auf den Plan, den sie ordentlich mit weißer Kreide geschrieben hat. Für jeden Tag gibt es eine Aufgabe. Am Montag: neue Vokabeln. Dienstag: Grammatik, Schönschrift. Am Mittwoch werden die neuen Wörter abgehört. Donnerstag: Aufsatz. Freitag: Test mit den neuen Wörtern. Die Bücher für das Schuljahr sind schon bestimmt. Die Bücher, die im Herbst gelesen werden, sind nicht so schwierig wie die für den Frühling. Über jedes Buch wird ein Aufsatz geschrieben, und es gibt einen Test. Für alles gibt es eine bestimmte Anzahl von Punkten, und alles wird mit mathematischer Präzision berechnet, um die Gesamtnote der Schüler zu ermitteln. Sie weiß, daß einige Schüler Macbeth schon kennen, aber sie hofft, sie würden ihn bis zum Frühjahr vergessen. Sie mag nämlich den Geist.

Sie mag den Geist!

Sollte sie nicht lieber mein Kind mögen?!!!! Und mag meine Tochter den Geist?

Lew hat eine andere Methode, seine Gedanken schriftlich festzuhalten. Immer, wenn er in einem Flugzeug sitzt, schreibt er Gedichte und Geschichten vom Fischen. Der Schluß eines Gedichts handelt von seinem liebsten Zeitvertreib.

Der Fischer
gehört der Welt der Fische an
und seiner eigenen.

Vielleicht
bringen ihn die Fische näher zu sich selbst
tief unten.

Cynthia führt ihr Tagebuch nur sporadisch. Manchmal schreibt sie jeden Tag, dann wieder eine Zeitlang gar nicht. Alles in allem aber hat sie viel geschrieben; das war das Verdienst einiger Grundschullehrerinnen, die großen Einfluß auf sie hatten und sie drängten, Tagebuch zu führen. Als Cynthia dreizehn war, starb ihre Großmutter. Sie verlor mit ihr den Menschen, mit dem sie viele Nachmittage verbracht hatte. Sie schrieb darüber:

Im Beerdigungsinstitut waren wir in einem Raum zusammen, ich und ihr Leichnam in einem Sarg aus Holz mit Messing, mit Satin ausgeschlagen. Die Nähe machte mir bewußt, daß sie viel für mich getan hat. Von ihrem Äußeren sind mir besonders die hellblauen Augen und die rosigen Backen mit der zarten Haut in Erinnerung. Sie war fröhlich, hatte viel Sinn für Humor, und irgendwie heiterte sie alle auf. Man wird sie sehr vermissen; ich habe gesehen, wie sehr die Leute, die sie glücklich gemacht hat, sie betrauern.

Patrick wiederum schreibt hin und wieder längere Berichte zu besonderen Themen, zum Beispiel über seine Klassenreise nach Washington oder über seine Ferien. Nach dem Besuch des Holocaust-Museums schrieb er:

Anstatt mich abzuwenden, schaute ich näher hin. Ich kam mir ziemlich abgestumpft vor. Ich war traurig, aber nicht sehr. Eine meiner Freundinnen, Sandra Long, weinte. Mehrere weinten und/oder waren deprimiert. Ich weiß, es ist vielleicht nicht richtig, Unterschiede zwischen den Geschlechtern zu machen, aber ich fand es doch komisch, daß Eddie Smith heulte und sich an Mrs. Nelson, unsere Mathelehrerin, klammerte. Warum sollen Jungen nicht genauso empfindlich sein dürfen wie Mädchen? Ich weiß es selbst nicht, aber ich fand das Geheul doch läppisch. Aber wenn ich das hinschreibe, komme ich mir auch wieder schuftig vor.

Eine wirkliche Selbstreflexion, auch wenn sie nur ein paar Minuten dauert, verhilft einem Menschen dazu, sich selbst zu erkennen. Sie hilft ihm zu erkennen, wer er ist und wer er einmal war.

Je weiter einer reist, desto weniger weiß er.

48. Kapitel

Man kann dem Weg ohne Anstrengung folgen

Anders als beim Lernen, wo Kenntnisse und Fähigkeiten durch tägliche Bemühung gesteigert werden können, erreicht man im Tao Fortschritte, wenn man die Anstrengung reduziert. Kluge Eltern lernen, auf mühelose Weise zu arbeiten. Wenn sie viel erledigt haben, sagen sie vielleicht: »Es ging einfach alles wie von selbst.«

Verhalten Sie sich bei der Erziehung ganz natürlich. Bedenken Sie, daß etwas, was für eine Familie ideal ist, für eine andere ein Alptraum sein kann. Wenn Sie an Ihrem Verhalten etwas ändern wollen, stellen Sie sicher, daß die »Linie« erhalten bleibt und daß alle Familienmitglieder einen Vorteil davon haben. Sie werden es Ihnen schon sagen.

Dot und John hängen sehr an ihren Kindern und ihrem Heim, obwohl beide beruflich stark beansprucht sind. Manchmal stört die Arbeit den ruhigen Fluß der häuslichen Tätigkeiten und Verpflichtungen. Die Kinder wachsen heran, und durch Arbeits- und Schultermine kommen neue Koordinationsprobleme hinzu. Aber die besten Zeiten sind doch immer die gewesen, wenn die ganze Familie beisammen war.

Feiertage sind schön bei der Familie Singleton, selbst die Zubereitung der Mahlzeiten trägt zur allgemeinen Freude bei. Die Rivalität unter den Geschwistern tritt zurück, und alles erstrahlt in hellem Glanz. Diese »zusammengewürfelte« Familie hat schon eine Menge gemeinsam erlebt. Sie wissen alle, daß Feiertage nicht in jeder Familie besonders schön sind, aber bei den Singletons gibt es laufend Späße und Streiche und großartige Feiern. Jeder kann tun, was ihm paßt.

Bei Festen wird immer gewaltig aufgetischt. Zu einem Festtagsfrühstück gehört immer Obst, und zwar nicht nur zwei Sorten, sondern acht bis zehn. Natalie und Dot schneiden und schnitzeln es und richten es farbenprächtig an. Es gibt mehrere Sorten Brot und mindestens sechs verschiedene Käsesorten, dazu verschiedene Kuchen und süße Teilchen aus der Bäckerei. John findet Kochen erholsam, es macht ihm einfach Spaß. Er brät Speck und Eier und backt Pfannkuchen, die er in der Luft wendet. Ralph holt vielleicht die Gitarre und spielt ein paar Songs, die allen gefallen.

Familiengeschichten werden aufgewärmt, die mit dem Alter anscheinend immer besser werden. Wißt ihr noch, wie Mama im Klohäuschen getaucht ist, um Ralphs neues Messer herauszuholen? Wißt ihr noch, wie wir mit dem Ball unser großes Fenster zertrümmert haben? Erinnert ihr euch noch daran, wie Paps uns allein in die Wüste ziehen ließ? Wißt ihr noch, wie wir immer mit dem alten grünen Kombi an den Strand gefahren sind? Wißt ihr noch, wie wir vom Dach in den Pool gesprungen sind? Wißt ihr noch, wie Polly auf der Wanderung ihre Schuheinlagen verloren hat? Denkt ihr noch an unser Haus in der Wüste? Wißt ihr noch, wie wir die ganze Nachbarschaft eingeladen haben, und Mama und Paps waren nicht da? Wißt ihr noch, wie wir auf den Matratzen gerutscht sind? Eins nach dem anderen kommen die Kinder jetzt in die Dreißiger und übernehmen allmählich die Verantwortung dafür, daß die Familie weiter zusammenhält und daß die Feste gefeiert werden. Und während alle reden, wird nebenher erledigt, was gerade zu tun ist.

Verringern Sie Ihre Bemühungen, und Sie werden wachsen.

49. Kapitel

*Respektieren Sie die Gedanken der Kinder,
und behandeln Sie alle mit Güte und
Aufrichtigkeit*

*Kluge Eltern lernen, sich mit Urteilen zurückzuhalten; wenn sie den
Kindern antworten, sagen sie nicht, die Kinder seien im Unrecht. Sie
erniedrigen die Kinder nicht. Sie bitten die Kinder, Meinungen und
Tatsachen klar zur Sprache zu bringen. Und wenn die Kinder etwas
sagen, was den Eltern nicht paßt, nehmen sie das als Anlaß, über die
Gedankenwelt ihrer Kinder nachzudenken. Kluge Eltern sind geduldig. Sogar eine freche Antwort kann man hinnehmen, und man kann
zeigen, daß es eine gute Antwort sein könnte – aber nur unter anderen Umständen. Im Tao können Eltern aber auch ihre Unzufrieden-
heit ausdrücken, wenn die Kinder die Regeln der Fairness und Höflichkeit mißachten.*

*Lernen Sie, die Gedanken der Kinder zu nutzen. Zeigen Sie Ver-
ständnis für die Vorstellungen Ihrer Kinder. Damit ermutigen Sie sie
zu schöpferischem und kritischem Denken.*

In der High-School waren Samuel und Jacob im Ringer-Team
und aßen deswegen sehr bewußt. Sie versuchten, negativen Streß
von sich fernzuhalten und die Zeit in der High-School zu genießen.

Weil das Geld häufig knapp war, versuchten sie immer, etwas
dazuzuverdienen. Samuel mußte für die Kosten seiner Abschlußfeier selbst aufkommen. Smokings und Blumen sind nicht billig,
und es war ihm wichtig, daß seine Begleiterin nicht nur Ansteck-
blumen bekam, sondern auch ein richtiges Bukett.

Um das Geld für das alles aufzubringen, beschloß Samuel, an einer Art Schönheitswettbewerb teilzunehmen, dem *Mister Savoy Contest*. Das Ereignis war in der Zeitung für den Samstag vor der Abschlußfeier angekündigt. Es sollte ganz in der Nähe stattfinden, am Strand, nur eine halbe Stunde weit weg. Er meldete sich an. Aber Mapita war nicht wohl bei der Sache. Ihrer Meinung nach wurden durch Wettbewerbe wie *Miss America* und *Little Miss America* Frauen und Mädchen ausgebeutet und falsche Schönheitsmaßstäbe gesetzt. Sie hegte also sehr gemischte Gefühle wegen Samuels Teilnahme, aber er überzeugte sie, daß kein Risiko dabei sei, daß man nichts bezahlen müsse und daß er in der Schule nichts versäumen werde. Er versicherte auch, er werde eine Niederlage mit Fassung tragen – und auch den Sieg. Es würden mehrere Preise verteilt, und jeder davon würde für seine Ausgaben reichen, es würde sogar noch etwas übrigbleiben.

Es war Mapita zwar nicht recht, aber sie wußte, daß Samuel viel an seiner Teilnahme lag. Sie wußte, daß er nichts Falsches daran sah, und erkannte, daß sie, wenn auch ungern, die Entscheidung ihres Sohnes respektieren mußte. Die Gelegenheit paßte ihm gut; er würde das Angenehme mit dem Nützlichen verbinden.

Der Wettbewerb erforderte ziemlich viel Vorbereitung. Zuerst mußte man ein besonderes Talent beweisen. Natürlich dachte Samuel ans Ringen, und er erfand einen Sketch: Zwei seiner Freunde, ein Junge und ein Mädchen, gingen in typischer Teenager-Kleidung, in Jeans und T-Shirts, die Straße entlang. Sie gerieten in Streit, und der Junge wurde grob und ausfallend. Da kam Samuel des Wegs und rettete die Situation. Er warf den bösen Buben zu Boden und ging mit dem Mädchen davon.

Als nächstes kam ein Sketch über die zukünftige Karriere des Bewerbers. Samuel wollte CIA-Agent werden, und er schrieb einen Sketch, in dem er einen Agenten darstellte. Er saß gemütlich an einem Tisch, als er einen Anruf erhielt (das Telefon war in einem seiner Tennisschuhe eingebaut). Laut wiederholte er die genauen Details seines Auftrags, ganz im Stil von *Mission Impossible*. Im Sketch vermittelte Samuel auch Informationen über die Pflichten einer wirklichen Tätigkeit für die CIA. In der nächsten Szene konnte er seine Kampfstärke zeigen, die Ehre des Landes verteidigen und einen gefährlichen Spion zur Strecke bringen.

In der Badekostüm-Runde waren knappe Hosen nicht erlaubt. Samuel trug einfach seine gewöhnlichen blauen Bermudas und ein T-Shirt.

Für die Frage-und-Antwort-Runde, die man im Anzug absolvieren sollte, trug Samuel ein weißes Hemd und Hosenträger, aber keine Anzugjacke. Denn erstens fand er Hosenträger klasse, und zweitens war er von der Jacke, die er tragen sollte, nicht so begeistert.

Der Ringer-Sketch wurde mit Beifall bedacht, und auch das Telefon im Schuh fand allgemein Anklang. Dann war Samuel an der Reihe, eine Frage zu beantworten. Eine junge Frau zog eine Karte aus einem Behälter und reichte sie dem Showmaster. Die Frage lautete: »Wenn Sie einmal mit dem Ballon fahren, wo möchten Sie dann landen?« Die Antwort war leicht für Samuel: »In Italien, dem Land der Romantik.«

Als die Sieger verkündet wurden, war Samuel an der Spitze. Er hatte das Publikum amüsiert, die Punktrichter informiert und allen ein neues Bild vom Ringen vermittelt. Er hatte bewiesen, daß er aufrichtig und informativ sprechen konnte. Er hatte die Aufmerksamkeit der verschiedensten Menschen gefesselt.

Mapita, deren Unbehagen den ganzen Abend nicht gewichen war, war zufrieden, daß ihr Sohn seine Würde gewahrt hatte. Er hatte bemerkenswerte Ringkünste gezeigt und mit seinem Witz und Einfallsreichtum Ehre eingelegt. Sie war froh, daß er teilgenommen hatte, und überzeugt, daß es bei der Siegerwahl fair zugegangen war.

Machen Sie sich die Gedanken der Kinder zu eigen.
Kluge Eltern kennen die Bedürfnisse ihres Kindes.

50. Kapitel

Wer nicht zu schnell leben will, bleibt jung

Die vielfältigen Aufgaben, wenn man für das Haus sorgen, die Kinder aufziehen und einer Arbeit nachgehen muß, sind oft schwer unter einen Hut zu bringen. Es kommen aber oft noch zusätzliche Anforderungen hinzu – viele Menschen müssen sich zum Beispiel auch noch um ihre alten Eltern kümmern. Kluge Eltern richten sich ihr Leben so ein, wie es ihrer Persönlichkeit entspricht. Was für den einen Streß bedeutet, bringt den nächsten überhaupt nicht aus der Ruhe. Wenn Eltern unter dem Burnout-Syndrom leiden, haben sie es oft nur nicht verstanden, ihre Prioritäten richtig zu setzen. Jeder Mensch braucht Ruhe, Bewegung und Kontakt mit anderen. Andererseits gibt es für Eltern tatsächlich viele Verpflichtungen, denen sie nicht entgehen können.

Lernen Sie, die Anspannung abzulegen, die auf Ihnen lastet. Nutzen Sie das Tao, wenn die Verpflichtungen Sie zu erschlagen drohen.

Myrna, eine Nachbarin, holt Margaret schon seit Jahren jeden Morgen ab, um mit ihr zusammen in den Hügeln der Nachbarschaft herumzuwandern. Hauptsächlich wollen sie sich Bewegung verschaffen, bevor der Arbeitstag sie verschlingt. Nebenbei aber genießen sie auch ihre Unterhaltung, die alten Insider-Scherze, die sich im Lauf der Jahre angesammelt haben, und die Freude an der Natur. Über einem Teil ihrer Strecke laufen Telefondrähte. Dort versammeln sich die Krähen zu Dutzenden und krächzen, so laut sie können. Die zwei Spaziergängerinnen mokieren sich über die »Party-Line« und gehen weiter.

Bei diesen Märschen sprechen sie auch über Neuigkeiten in der Familie und in der Nachbarschaft. Margaret ist froh, daß sie dabei oft etwas über Abgabetermine in der Schule oder über Benachrichtigungen erfährt, die in den Tiefen von Patricks Schulranzen verschwunden und in Vergessenheit geraten sind. Es ist auch nützlich, daß sie sich gegenseitig erinnern, welche Nachbarn in Urlaub gehen oder heimkommen, so daß sie sich um Post und Zeitung kümmern können.

Sie freuen sich auch, wenn sie im frühen Morgenlicht andere Spaziergänger treffen. Manchmal bleibt Margaret stehen und plaudert ein bißchen. Ob man sich an die große Ära des Swing erinnert, ob man über einen Trip nach Colorado oder Ensenada spricht, erwähnt, daß man den Kometen gesehen hat, oder sich gemeinsam über einen aufblühenden Jacarandabaum freut – es ist einfach ein Vergnügen, eine angenehme Art, den Tag zu beginnen.

Ohne diese Morgenspaziergänge, das weiß Margaret, hätte sie viele kleine Freuden versäumt. Sie hätte nie erfahren, wie schön der Mond am Morgen sein kann. Sie hätte nie die Gelegenheit gehabt, zu sehen, wie sich rosa und blaue Wolkenbänke am östlichen Himmel erstrecken. Sie hätte nicht miterlebt, wie eine Spottdrossel einen jungen Falken jagte, wie der rote Hahn im Eukalyptusbaum krähte und die Eule vom Hausdach schrie. Sie hätte nicht so viele blühende Bäume und Blumen gesehen. Vor allem aber wären ihre Tage nicht so erfreulich ohne den Gedankenaustausch mit ihrer Nachbarin. Die beiden nennen sich zum Spaß gern »Nachbarschaftswache«.

Im Tao siegt das Einfache. Gestalten Sie Ihr Leben, um dem Tod zu entgehen.

51. Kapitel

Kümmern Sie sich um andere,
ohne sie beherrschen zu wollen

Kluge Eltern kümmern sich sehr um ihre Kinder, aber es ist ihnen klar, daß die Kinder ihnen nicht gehören.

Suchen Sie die Nähe Ihrer Kinder; zeigen Sie ihnen die verschiedenen Aspekte Ihrer Persönlichkeit. Sie werden dann ihre eigene Wahl treffen.

John und Dot sind immer bereit, mit ihren Kindern zu sprechen. Sie glauben, daß ihre Kinder sich so entfalten müssen, wie es in ihnen angelegt ist. Wie sich das dann im Lebenslauf macht, ist ihnen egal. Zum Beispiel ist es nicht jedermanns Sache, gleich von der High-School aufs College zu gehen.

Natalie beschloß, von der Schule abzugehen, um herauszufinden, was das College für sie wirklich bedeutete. Sie arbeitete vier Jahre lang auf einem Kreuzfahrtschiff, und die Zeit wird ihr immer unvergeßlich bleiben. Sie hatte dort vier verschiedene Jobs. Einmal arbeitete sie als Assistentin bei Kunstversteigerungen, einmal als Lagerverwalterin, beim drittenmal als Assistentin des Managers, und beim viertenmal war sie für die Kostüme bei den Bordbällen zuständig. Außerdem war sie, wie die ganze Besatzung, immer bereit, einzuspringen und dafür zu sorgen, daß überall und immer ein freundlicher, hilfsbereiter Service gewährleistet war. Es war eine Zeit der »Blitzextrovertierung«, wie Natalie es ausdrückt. Es waren nicht gerade Spitzenjobs, aber ihr Leben war wirklich interessant. Viermal die Woche war formelle

Abendkleidung vorgeschrieben; sie aß Hummer, Kaviar und andere Delikatessen, reiste zu den Bermudas, an die Riviera, nach St. Petersburg und zu anderen europäischen Hafenstädten. Das alles war Teil des Lebensstils an Bord. Die Bekanntschaft mit reichen und abenteuerlustigen Menschen erweiterte ihren Horizont. Auf einer Reise freundete sie sich mit einem achtzigjährigen Prinzen an, der sie mit seinen Ansichten über soziale Fragen verblüffte.

Natalie genoß dieses schnelle Leben, aber sie wußte, daß sie letztlich nicht aus ihrer Haut konnte. Sie schlug ihrer Familie nach. Im Haus der Singletons hatte die Arbeit für andere, weniger Glückliche, große Bedeutung. Das soziale Gewissen brachte Natalie zurück an die Schule. Es war ihre eigene Entscheidung.

Handeln Sie selbstlos; versuchen Sie nicht,
alles zu kontrollieren.

52. Kapitel

Schätzen Sie die kleinen Dinge hoch, und Sie werden erleuchtet

Kluge Eltern achten auch auf scheinbare Nebensächlichkeiten. Auch aus kleinen Mißgeschicken oder Vorfällen kann man Nutzen ziehen. Ob das Kind nun einen kleinen Kratzer bekommen oder einen Marienkäfer im Gras gefunden hat – es braucht Ihre Aufmerksamkeit oder wenigstens das Gefühl, Ihre Aufmerksamkeit zu haben. Wenn man scheinbar kleine Dinge wichtig nimmt, kann man seinen Kindern damit sehr große Dinge beibringen. Am wichtigsten ist aber, daß Eltern im Tao den Kindern das Gefühl geben, sie seien für sie da.

Überlegen Sie sich, wie Sie kleine Angelegenheiten regeln können, indem Sie Ihren Kindern Aufgaben und Gestaltungsspielräume übertragen. Der Terminkalender einer Familie ist voll von kleinen Ereignissen, und wenn Sie daran teilnehmen, kann es für Sie und für das Kind viel bedeuten. Machen Sie sich bewußt, daß kleine Dinge für Kinder oft wichtig sind. Für manche haben Sie sicher keine Zeit. Gehen Sie trotzdem hin.

Als Corey mit dem Football anfing, jammerte er nie bei seinem Trainer oder seinen Freunden über irgendwelche Schmerzen. Aber seine Eltern mußten sich nach jedem Training endlose Klagelieder anhören, besonders in den ersten Jahren. Kate und Carl wußten, daß das Zuhören ihm wahrscheinlich guttat. Die Blessuren waren echt, und daß er zu Hause jammern durfte, soviel er wollte, förderte die Heilung gewiß. Kate saß mit Corey auf der Couch, massierte ihm den Rücken und hörte zu, wie mörderisch das Training war. Die Flanagans hatten schon gehört, daß die Trainer in anderen Vereinen wirklich zuviel von den Kindern verlangten und sie auch beschimpften. Sollte das in Coreys Team auch vorkommen, würden die Flanagans einschreiten.

Kate machte es Spaß, den Kindern bei Sportwettkämpfen zuzusehen, und sie ging auch gern zu den verschiedensten Schulveranstaltungen. Bei den Footballspielen waren sie regelmäßig anwesend, und auch beim Fußball verbrachten sie so manchen Samstag. Meistens saßen sie auf blauen Campingstühlen am Spielfeldrand im Gras. Sie waren immer froh, daß ihre Kinder im Alter so weit auseinander waren; so mußten sie nicht wie manche ihrer Freunde herumhetzen, um zwei oder drei Spiele an einem Tag zu sehen. Carl und Kate genossen diese Stunden fern vom Telefon und von beruflichen und häuslichen Pflichten.

Elternabende und Theateraufführungen waren im Kalender der Flanagans immer dick angestrichen. Unvergeßlich blieb ihnen Holly als Star im *Nußknacker,* in einer Aufführung der zweiten Klasse. Sie trug damals eine dicke Brille und hatte etwas Lehrerinnenhaftes; so war niemand überrascht, als sie drei kleine Jungen, die ihr Stichwort verpaßt hatten, packte und von der Bühne schob.

Die Elternabende waren immer aufschlußreich, wenn Corey auch fand, es gäbe zu viele. Corey verstieß nicht gegen die Regeln und war immer höflich zu den Lehrern. Doch in der dritten Klasse fing er im Unterricht zu träumen an, vergaß seine Hausaufgaben und hörte nicht hin, wenn etwas Wichtiges gesagt wurde.

Einmal schrieb Corey nach einem Elternabend einen Brief, den Kate und Carl aufhoben. Kürzlich haben sie ihn gefunden und über die großen runden Druckbuchstaben gelächelt.

Mama und Papa,
bitte bringt mich nicht um. Ich verspreche, daß ich diese Noten bekommen
werde: Mathe – 1. Religion – 1. Lesen – 1. Naturkunde – 1. Buchstabieren
– 1. Nochmal, seid nicht zu wütend!
Herzliche Grüße,
Corey

Corey hatte gute Vorsätze. Und es stellte sich heraus, daß er seine
Versprechungen halten konnte – oder doch fast. Jedenfalls bekam
er nie wieder solche Noten wie in der schlimmsten Zeit seiner
Tagträumerei.

Achten Sie die kleinen Dinge. Das Tao liegt im Detail.

53. Kapitel

Geben Sie sich keinen Extravaganzen hin;
erlauben Sie sich keine Exzesse;
versuchen Sie nicht, alles auf einmal zu lösen

Wenn das Leben zu sehr mit Geschäftigkeit und dem Streben nach materiellen Gütern angefüllt ist, kommt es zu Problemen. Kluge Eltern wissen, daß Probleme vielfältige Ursachen haben und daß eine Menge Faktoren miteinander verquickt sein können. Sie versuchen nicht, es mit allen Einzelheiten gleichzeitig aufzunehmen. Sie machen sich klar, daß man der Lösung mit kleinen Schritten näher kommen muß. Dann tun sie einen ersten Schritt.

Machen Sie keinen komplizierten Plan, wenn auch einfache Maßnahmen schon etwas bewirken oder weiterführen können. Es muß nicht immer alles nach Ihrem Willen gehen.

Im Haus der Sanchez' gilt eine wichtige Regel: »Wir opfern unsere Gesundheit nicht auf.« Die Söhne sind ständig von schulischen Veranstaltungen, die alleinerziehende Mutter ist von ihren beruflichen Pflichten stark beansprucht. Also mußten sie gemeinsam Wege finden, wie sie neue Kraft gewinnen, mit der Hausarbeit fertig werden und das Familienleben genießen konnten. Eine einfache Lösung schien ausreichend. Mapita, Jacob und Samuel kamen überein, am Wochenende einen Abend daheim zu bleiben. Den Freunden kommt es manchmal schon komisch vor, daß Mapitas Söhne am Wochenende nur einmal fortgehen, aber Jacob und Samuel finden nichts Besonderes daran. Und weil der Ein-Eltern-Haushalt nur eine schmale finanzielle Basis hat, kamen manche Dinge für Mapita und ihre Söhne von vornherein nicht in Frage.

Viele »ungewöhnliche« Bräuche in der Familie waren oft nur auf Geldmangel zurückzuführen.

Eins aber hätte sich Mapita gewünscht, nämlich daß sich ihre Söhne eine Limousine hätten ausleihen können, wenn sie zur Abschlußfeier der High-School fuhren. Die Jungen waren die ganzen Jahre gern zu Tanzveranstaltungen gegangen, und die Idee mit der Limousine kam ihr so wundervoll vor. Sie schien Mapita deswegen so besonders attraktiv, weil sie selbst noch nie Gelegenheit gehabt hatte, in einem solchen Auto zu fahren. Für sie verbanden sich damit Vorstellungen von Eleganz und einem großen Auftritt.

Sie kam aber zu dem Schluß: »Man kann nicht alles haben.« Weil sie schon früh entschieden hatte, daß die Schule und alles, was damit verbunden war, Vorrang haben mußte, hatten die Jungen neben der Schule nicht gearbeitet. Beim Abschluß der High-School entstanden ohnehin große Ausgaben (Prüfungsgebühren, Aufnahmegebühren fürs College, Leihgebühr für den Talar, Ausgaben für die Feier), und so wurde die Idee mit der Limousine begraben.

Die Familie Sanchez hatte nur ein Auto, und die Jungen hatten vereinbart, wie sie es abwechselnd benutzen konnten. Im übrigen rechneten sie auf ihre Freunde. Am Abend der Abschlußfeier war es nicht anders. Freunde, die eine Limousine geliehen hatten, sagten hinterher, sie wünschten, sie hätten es nicht getan. Sie hatten mehrere hundert Dollar zusätzlich ausgegeben, um zu den gleichen Veranstaltungen zu fahren wie die anderen. Sie hatten für das Privileg weicher Sitze und großer Beinfreiheit teuer bezahlt. Dafür wurden sie überall, wo sie vorfuhren, mindestens zwanzig Sekunden lang angestarrt.

Oft ist es besser, auf Nebenstraßen zu fahren
als auf der Autobahn.

54. Kapitel

Wer mit dem Weg vertraut ist, wird auf ihm bleiben und andere Menschen verwandeln

»Geborene« Eltern werden von anderen anerkannt und haben großen Einfluß, nicht weil sie etwas Spektakuläres tun, sondern allein durch ihr Vorbild. So wie sich die Ringe auf einem ruhigen Wasser ausbreiten, so überträgt sich ihr erzieherisches Talent auf andere.

Erkennen Sie, daß Ihre Erziehungsarbeit von anderen gewürdigt wird. Unterschätzen Sie Ihren Einfluß nicht, nur weil Ihre Handlungen geringfügig erscheinen.

Wenn Mapita zu Ringkämpfen geht, kommen oft andere Eltern auf sie zu. »Sie haben so wunderbare Jungen.« – »Ich muß Ihnen doch sagen, daß wir Ihren Jungen voll vertrauen.« – »Es sind so nette, umgängliche Jungs.« – »Sie haben so gute Manieren.« Mapita lächelt dann und bedankt sich. Sie weiß recht gut, daß die Zwillinge keine Heiligen sind, aber sie freut sich, daß die vielen Jahre, in denen sie intensiv nachgedacht hat und das Gespräch mit den Söhnen nie hat abreißen lassen, sich darin niederschlagen, daß andere Menschen viel von den Jungen halten. Sie würde nie mit ihren Söhnen angeben und redet auch mit den Kollegen nur dann über sie, wenn sie gefragt wird. Statt dessen stellt sie fest, daß Leute manchmal auf sie zugehen, weil sie etwas lernen wollen.

Mapita weiß, daß sie keine perfekte Mutter ist, aber sie denkt oft darüber nach, was sich bei der Erziehung der zwei lebhaften Jungen bewährt hat und was nicht. Sie lehnt auch die strenge Erziehung, die sie als Kind erlitt, entschieden ab. Sie setzte hohe

Erwartungen in ihre Söhne, nicht nur was Manieren anging. Die Ideale der Söhne gleichen denen der Mutter: Achtung für alle Menschen und unablässiges Bemühen um Gleichheit in der Gesellschaft. Sie hat es immer für besonders wichtig gehalten, mit den Jungen zusammenzusein. Sie war zu Hause, so viel es ging, war bei allen Veranstaltungen, wo die Jungen mitwirkten, gab ihnen die Gelegenheit, die ausgedehnte Verwandtschaft kennenzulernen und ließ sie auch Erfahrungen mit der harten Außenwelt machen. Wenn sie eine Entscheidung zu treffen hatte, folgte sie ihren eigenen Überzeugungen. Sie liebte ihre Jungen sehr und machte ihnen klar, daß alle Entscheidungen aus Liebe getroffen wurden.

Wenn andere Erwachsene die Sanchez-Jungen kennenlernen, machen sie Mapita ganz unvermeidlich Komplimente. Ein Onkel drückte es so aus: »Die sind so ehrlich. Jedesmal, wenn wir uns treffen, freuen sie sich aufrichtig. Sie machen mir nichts vor, um vielleicht etwas zu kriegen. Sie benehmen sich vorbildlich und mögen andere Leute wirklich gern. Das ist nicht nur Show.« Mapita weiß auch, daß sie immer mit der Hilfe ihrer Söhne rechnen darf. Wenn ein Besuch kommt und ein kleines Kind dabei hat, dann widmen sich die Jungen dem Kind und denken sich passende Spiele aus; und sie tun es gern. Und sie haben nicht nur in der Familie echte, gute Beziehungen entwickelt. Wo sie auch sind, in der Kirche, bei Freunden, bei den Familien der Mädchen, mit denen sie ausgehen, überall heißt es: »Die Sanchez-Jungen sind wohlerzogen. Man kann sich auf sie verlassen.«

Im letzten High-School-Jahr hatten beide Jungen feste Freundinnen. Und die Eltern beider Mädchen ließen verlauten, sie seien ganz ruhig, wenn sie wüßten, daß ihre Tochter mit einem der Sanchez-Jungen ausgegangen sei.

Fördern Sie das Tao in anderen, indem Sie darüber nachdenken, was Ihnen wirklich wichtig ist.

55. Kapitel

Bewahren Sie die Harmonie, indem Sie mit der Realität und Ihrer eigenen Natur in Kontakt bleiben

Wenn Probleme entstehen, bedenken kluge Eltern sowohl die äußeren Faktoren als auch ihre eigene Intuition. Wenn ein Kind, das häufig auf anderen herumhackt, wieder einmal verpetzt wird, daß es ein »immer unschuldiges« Geschwister belästigt habe, dann liegt die Vermutung nahe, daß es schuldig ist. Eltern können die Schuld immer dem Kind zuschieben, von dem man dergleichen sowieso erwartet. Im Tao aber achten Eltern auf ihre Intuition und urteilen in den alltäglichen Dingen des Zusammenlebens nicht nur aufgrund ihrer Erwartungen. Sie nehmen sich die Zeit, die Sache aus verschiedenen Blickwinkeln zu betrachten.

Seien Sie Ihren Kindern nahe, denn nur so können Sie Ihre Intuition entwickeln. Die leitet Sie dann in Situationen, wo Sie nach Gefühl entscheiden müssen.

Jacob und Samuel kommunizieren mit Mapita unter anderem durch Zettel, die sie am Kühlschrank oder am Küchentisch füreinander hinterlassen. Es war schön, auch einmal zu schreiben und nicht nur zu sprechen. Viele der Zettel haben nur Nachrichten übermittelt, manche haben aber das tiefere Verständnis zwischen den Familienmitgliedern gefördert.

Die Jungen wurden vor neuen Ideen oder abweichenden Denkweisen kaum je abgeschirmt. Als ein Neffe von Laura, einer engen Freundin der Familie, an Aids starb, bemühten sich alle, Lauras Familie beizustehen. Die Jungen schrieben ihrer Mutter:

»Du hättest es uns eher sagen sollen. Wir nehmen unser Leben so selbstverständlich hin. Wir hätten uns mehr mit Lauras Neffen abgeben können.« Diese Reaktion erlaubte Mapita einen tiefen Einblick in die Seele ihrer Söhne.

Mapita hatte einen guten Freund, den sie bei der Arbeit kennengelernt hatte, und sie wollte ihn gern beim Osterfestessen der Familie dabeihaben. Der Mann war schwul, und normalerweise hätte sie das mit den Söhnen besprochen, bevor der Gast kam. Diesmal aber schwieg sie, weil die Gelegenheit nicht günstig war; die Jungen hatten nämlich ihren Freund Juan aus Mexiko zu Besuch, der allerlei Vorurteile pflegte. Hätte er Bescheid gewußt, wäre es für alle eine sehr unbehagliche Situation geworden, denn er gehörte zu den Leuten, die ihre Meinung ohne Rücksicht auf die Gefühle anderer Menschen unverblümt aussprechen. Sie war froh, daß ihre eigenen Söhne verständnisvoll, aufgeschlossen und freundlich auf die Mitteilung reagiert hätten. Das taten sie später auch wirklich.

Harmonie bringt Beständigkeit.

56. Kapitel

*Einem Menschen, der Harmonie erlangt hat,
kann man nicht gleichgültig gegenüberstehen,
aber auch nicht zu nahe kommen;
man kann ihn nicht verletzen oder beglücken,
man kann ihn nicht ehren und nicht entehren*

*Kluge Eltern lernen nachzudenken und sich selbst zu akzeptieren.
Die Kritik der anderen, die nicht im Tao sind, perlt an ihnen ab.*

*Je besser Sie sich selbst beurteilen lernen, desto weniger werden
Ihnen die Urteile anderer Menschen bedeuten. Sie werden kritische
Bemerkungen, aber auch Komplimente nicht persönlich nehmen,
ganz unbeeinflußt das Gleichgewicht wahren und dem Ehepartner
und den Kindern gegenüber unparteiisch sein.*

Carl und Kate konnten die kritischen Kommentare ihrer Umgebung bei Corey leichter hinnehmen als bei Holly, ihrem ersten Kind. Als Corey geboren wurde, hatten sie schon Selbstvertrauen als Eltern gewonnen. Die Empfehlungen ihrer Freunde und Verwandten beeinflußten ihre Erziehungsentscheidungen viel weniger, weil sie sich ihrer eigenen Werte sicherer waren.

Carl und Kate lernten, nein zu sagen, wenn Nein die beste Antwort war. Die Grenzen wurden klarer. Gleichzeitig aber wurden sie flexibler und machten sich so das Leben bequemer; sie respektierten die Entscheidungen der Kinder. Sie wollten eine Balance finden, wollten nicht zu autoritär, aber auch nicht zu permissiv sein. Als Corey achtzehn wurde, war es ihm sehr wichtig, selbständiger zu werden und selbst entscheiden zu dürfen, obwohl er noch ein ganz unerfahrener junger Mensch und finanziell von den Eltern abhängig war.

Beim zweiten Kind fanden sich die vernünftigen Antworten leichter, wenn Corey zum Beispiel beteuerte, alle anderen Kinder dürften »es«. »Es« bedeutete in einem Fall, daß man einen Schultag schwänzte, am sogenannten Schwänztag der obersten Klasse. Die Schule schrieb alle Eltern an und bat, den Schülern keine Entschuldigungen zu schreiben, weil es an keinem Tag erlaubt sei, der Schule fernzubleiben. Coreys Version war, daß *alle* Eltern Entschuldigungen schreiben würden, daß er in der Schule der *einzige* sein würde, daß das *furchtbar* peinlich wäre und er es *nicht* überleben würde. Seine Eltern hingegen wollten im Zeugnis keinen Eintrag wegen unerlaubten Fernbleibens sehen. »Du wirst in die Schule gehen. Wir werden keine Entschuldigung schreiben. Es wird nicht furchtbar sein.« Ein paar Eltern schrieben Entschuldigungen, und ein paar Kinder verbrachten den Tag tatsächlich am Strand. Aber die meisten Freunde von Corey waren in der Schule. Die Eltern, die Carl und Kate kannten, hatten darauf bestanden, daß ihre Kinder zum Unterricht gingen. Der Schultag war zwar nicht gerade hinreißend, aber die Lehrer gestalteten ihn doch anders und spannender als sonst, und am Schluß waren alle zufrieden.

Am Ende des Schuljahrs wollte Corey auch an einer teuren Reise nach Mexiko teilnehmen. Einige Jahre früher hatte Holly diese Möglichkeit schon erwähnt, aber sie hatte keinen ernsthaften Gedanken daran verschwendet. Corey aber wollte diese Spritztour unbedingt mitmachen. Das Reisebüro versprach »erzieherischen Wert« und »verantwortungsvolle Leitung«, aber als Carl und Kate bei früheren Teilnehmern herumfragten, hörten sie Geschichten von riesigen Hotels, öden Stränden und Touristenrestaurants voller betrunkener Jugendlicher. Von Kultur keine Rede. In Mexiko konnten schon Minderjährige Alkohol bekommen, und der starke Gruppendruck sorgte dafür, daß die Schüler Bier und Tequila hinunterstürzten und generell über die Stränge schlugen. Überdies gab es weniger bekannte, aber trotzdem belegte Geschichten über Schwierigkeiten mit einem anderen Rechtssystem, die alles andere als beruhigend klangen. Gesunder Menschenverstand gab den Ausschlag bei der Entscheidung. Das College würde teuer genug werden, und es würde sich sicher eine Gelegenheit für ein sinnvolleres Geschenk an Corey ergeben. Die Antwort lautete nein. Ja, du bist erwachsen, und nein, für derartige Unternehmungen kommen wir nicht auf.

Am Ende des Jahres fand in der High-School immer ein Mutter-und-Sohn-Brunch statt, und Kate hörte dort mit Interesse den Unterhaltungen der anderen Paare zu. Einige Mütter saßen so nahe, daß man sich unterhalten konnte. Sie sagten, nachdem ihre Kinder nun erwachsen seien, müsse man sie auf diese Reise gehen lassen, wenn sie wirklich wollten. Kate schwieg dazu und sagte nur, Corey habe nicht vor, zu fahren. Sie und Corey genossen den Brunch sehr, und nach und nach erfuhr Kate auch von den anderen Plänen zum Schulabschluß, die in Coreys Gehirn langsam Gestalt annahmen.

Im Tao weiß man, daß diejenigen, die reden,
nicht unbedingt die Wissenden sind.

57. Kapitel

Nicht mit Verboten, sondern mit Ermunterung erreicht man ein Ziel

Jede Einschränkung ruft Widerstand hervor. Im Tao braucht man keine Regeln für den Erfolg. Kluge Eltern stellen nicht Dutzende von Regeln auf, selbst dann nicht, wenn sie gemeinsam mit den Kindern formuliert wurden. Sie entwickeln lieber die wichtigsten Grundsätze – vielleicht drei –, von denen sich die Familie leiten lassen soll. Derartige Grundsätze, zum Beispiel »Wir achten andere Menschen« oder »Bildung ist für uns wichtig«, bewirken mehr als Ermahnungen wie »Nimm nichts, was dir nicht gehört« oder »Sprich nicht mit vollem Mund«. Positive Richtlinien gelten immer.

Die Regeln sollen nicht zu einer endlosen Liste von »Tu dies nicht« und »Tu das nicht« ausarten. Die Kinder werden ganz sicher ausprobieren, ob die Eltern Ausnahmen dulden, und sie erwarten, daß alle, die gegen die Regeln verstoßen, gleichmäßig bestraft werden. Positive Regeln motivieren, negative erzeugen Feindseligkeit und Widerstand.

Es gibt viele Geschichten, in denen die Stiefmutter schlecht wegkommt. Das klassische Beispiel ist *Schneewittchen;* bezeichnend ist aber auch, daß in der amerikanischen Version von *Hänsel und Gretel* die Mutter durch eine Stiefmutter ersetzt wurde. Denn wirkliche Mütter benehmen sich nach allgemeiner Überzeugung nicht so schlecht.

Bei der Gründung der neuen Familie Singleton hatte Polly Schwierigkeiten, ihre Stiefmutter zu akzeptieren. Sie hatte keine

Lust, mit einer Fremden zusammenzuleben, und sie war wütend auf ihre eigenen Eltern, weil sie ihr »das angetan hatten«. Es gab Szenen am laufenden Band – Ungehorsam, Geschrei, Geheule und Beschimpfungen. »Bitte mach die Musik leiser« war für Polly ein Signal, auf volle Lautstärke zu schalten. »Ich fürchte mich vor Schlangen« nahm Polly als Aufforderung, Dot mit einer Schlange zu erschrecken (die übrigens ihre leibliche Mutter kaufte). Schließlich suchten Dot und John die Familienberatung auf, um mit dem Psychokrieg umgehen zu lernen. Eine Besserung trat nicht sofort ein – der Berater gab auf, als seine eigene Stieffamilie auseinanderbrach. Polly zog wiederholt aus und wieder ein, bekam es mit der Polizei zu tun und saß sogar für kurze Zeit im Gefängnis, weil sie mit Leuten im Auto gesessen hatte, die Kokain nahmen.

Die ganze Zeit bestrafte Dot sie nicht mit Liebesentzug und sie versuchte immer, keine unvernünftig harten Regeln aufzustellen. In einer Situation, die durch Feindseligkeit und Widerstand geprägt war, gab sie sich Mühe, ein Klima von Achtung und Würde zu schaffen. Es war besser, etwas zu erwarten, als etwas zu verbieten, und Dot und John versuchten, Polly positiv zu beeinflussen. Als Polly endlich bereit war, Zuneigung anzunehmen, bekam sie sie von Dot, und zwar in reichem Maß. Diese Mischfamilie brauchte lange Zeit, bis sie miteinander auskam und zu einer Einheit wurde.

Je mehr Verbote, desto mehr Übertretungen.

58. Kapitel

Ein weiser Mensch stellt keine festen Regeln auf

Eltern tun gut daran, einen alten Spruch zu bedenken: »Regeln sind dazu da, gebrochen zu werden.« Oft resultiert eine wirklich gerechte Behandlung daraus, daß man die Regeln scheinbar ungerecht anwendet. Denken Sie immer an die Werte, die hinter den Regeln stehen. Es ist vielleicht unsinnig, festzulegen, daß jedes Kind um sieben mit dem Abwasch fertig sein muß oder um zehn mit den Hausaufgaben. Da können das Alter und die jeweilige Situation eine wichtige Rolle spielen. Wenn Eltern über die Bedürfnisse und den persönlichen Rhythmus ihrer Kinder gut Bescheid wissen, können sie auch erkennen, was im einzelnen erträglich, möglich und erwünscht ist. Wenn sie sich selbst gut kennen, können Eltern lernen, mit verschiedenen Kindern zurechtzukommen.

Benachteiligen Sie nicht einzelne Kinder dadurch, daß es nur eine einzige Auslegung für die Regeln gibt. Diskriminierung bedeutet, daß man einen bevorzugt oder einen anderen benachteiligt. Nur die Regeln, die sich auf Sicherheit beziehen, müssen unbedingt und von allen befolgt werden.

Lew und Margaret sind wie alle Eltern. Sie möchten, daß ihre Kinder sich vernünftig verhalten, zuverlässig sind und ihre Pflichten erfüllen. Die beiden Kinder der Williams' kümmern sich um die Wäsche statt ums Abspülen. Sie haben tägliche oder wöchentliche Pflichten, zum Beispiel müssen sie die Post holen oder beim Abendessen die Milch einschenken. Sie sollen genug schlafen, aber es gibt keine feste Regel, wann sie im Bett sein müssen. Sie dürfen sich das selbst einteilen, je nachdem, was in der Schule, am Wochenende oder in den Ferien los ist. Lew und Margaret legen Wert darauf, daß alle genug Bewegung an der frischen Luft bekommen, aber am organisierten Sport müssen die Kinder nicht teilnehmen.

Die Familie Williams wollte nie einen Katalog fester Regeln, die man an die Wand hängen konnte, aber es gab in ihrem Leben wichtige unausgesprochene Werte. »Eine gute Bildung ist wertvoll.« – »Respektiert eure Lehrer, aber bedenkt, daß sie auch Menschen sind und eine Menge Fehler machen.« – »Genügend Ruhe ist wichtig.« – »Liebe deine Familie.« – »Es ist wichtig, die Schule zu besuchen.« – »Wir bemühen uns um gesunde Ernährung.« – »Achte deine Eltern.« – »Wir schützen die Umwelt.« – »Du bekommst, was du verdienst.« – »Jeder macht Fehler, aber man muß die Folgen in Kauf nehmen.«

Que sera, sera. Es kommt, wie es kommt.
Zu viele Regeln machen die Menschen passiv.
Manches kommt von selbst in Ordnung.

59. Kapitel

Seien Sie bescheiden, und streben
Sie nach Tugend

Daß Eltern »Tugenden sammeln«, bedeutet, daß sie alles Gute zur Kenntnis nehmen. Man spricht so oft über die negativen Dinge, die Kinder tun, daß ihre guten Seiten übersehen werden. Kluge Eltern erkennen es an, wenn ihre Kinder etwas richtig gemacht haben, nicht durch materielle Belohnungen, sondern durch Worte. Sie machen ihre Kinder darauf aufmerksam, wie sie Verantwortungsbewußtsein und Freundlichkeit anderen Menschen gegenüber beweisen. Kluge Eltern leiten ihre Kinder dazu an, auf Beweise von Großmut und vorbildlichem Verhalten zu achten, ganz gleich, wo sie ihnen begegnen — in der Schule, in der Gemeinde, in der Zeitung. Sie wissen, daß ein einzelner Mensch etwas bewirken kann.

Lassen Sie Ihre Kinder erkennen, was für ein Ort des Glücks Ihre Familie ist und die Welt sein kann. Sammeln Sie Beispiele guter Taten, die genau die Werte fördern, die Ihre Familie hochhält. Schalten Sie den Fernseher ab.

Samuel zitiert gern einen Redner, der an seiner Schule einmal gesagt hat, daß nicht das SITZEN dem Leben seinen Wert gibt, sondern das TUN. Er und sein Bruder Jacob haben tatsächlich eine Menge zu tun und verschiedene verantwortungsvolle Ämter übernommen. Sie gehören zur Führung mehrerer Vereinigungen; deshalb verbringen sie viel Zeit in der Schule. Normalerweise sind sie von sechs Uhr morgens bis sechs Uhr abends dort. Wenn sie heimkommen, machen sie ihre Hausaufgaben fertig, essen, schlafen und bereiten sich wieder auf die Schule vor. Der Rhythmus ist immer der gleiche, außer wenn ein Wettkampf oder eine Versammlung ansteht.

Daß die Sanchez-Jungen in vielen Organisationen Ämter übertragen bekamen, hat sich quasi von selbst ergeben. Ihre Mutter unterstützt sie dabei nach Kräften. Sie erinnert die beiden immer daran, daß sie freundlich sind und gut zuhören können. Ihre Führungsstärke ist an der High-School schon früh erkannt worden. Was sie GETAN haben, ist stets anerkannt worden, und so sind sie Mannschaftskapitäne, Vizekapitäne, Könige und Aufsichtsratsmitglieder geworden.

Es war nicht immer leicht. Mapita hat sie aufmuntern müssen, wenn nicht alles glatt ging. Wenn man sie fragt, wie es den Jungen geht, erzählt sie, wie hart sie arbeiten und wie ausdauernd sie sind. Sie nimmt sich immer die Zeit, in die Schule zu gehen, wenn es gilt, für einen von ihnen ein gutes Wort einzulegen. Sie weiß aber auch, daß sie manchmal im Hintergrund bleiben muß.

Samuel entschloß sich, einer Vereinigung beizutreten, die sich Movimiento Estudiantes Chicanos de Atzlan (MEChA; Hispanische Studentenbewegung) nannte. Diese Gruppe wurzelte in anderen politischen Studentenbewegungen der sechziger und frühen siebziger Jahre. Ziel des MEChA war es, Menschen hispanischer Herkunft zusammenzubringen und ihren Stolz zu fördern; außerdem sollten andere die sozialen Probleme der Ureinwohner von Mittel- und Südamerika aus einer neuen Perspektive sehen lernen. Samuel war sehr stolz auf seine Urgroßmutter, eine Indianerin vom Stamm der Zacatecas in Zentralmexiko, und er wollte sich in dieser Vereinigung stark engagieren. Man nahm ihn aber nicht gerade mit offenen Armen auf. Er mochte zwar von den richtigen Leuten abstammen, den dunkelhäutigen Ureinwohnern des amerikanischen Kontinents, aber von der äußeren Erscheinung her schien er manchen nicht in die Organisation zu passen. Wegen seines europäischen Vaters hatte Samuel eine hellere Haut als andere Mitglieder. Daß er einen italienischen Vater hatte, ließ ihn nicht recht vertrauenswürdig erscheinen.

Trotzdem war Samuel dabei, als die Gruppe eines Nachmittags im November die Schule verließ, um zu einer viel größeren Versammlung in der Universität der Nachbarstadt zu stoßen. Der politische Protest richtete sich gegen eine Wahlbestimmung, die Immigranten benachteiligte. Die Mitglieder des MEChA trugen Transparente und erklärten ihren Standpunkt. Als sie am nächsten Tag in die Schule kamen, wurden alle zum Samstagsarrest verdonnert, weil sie die Schule ohne Erlaubnis verlassen hatten. Samuel fand das unfair. In der Vorwoche nämlich hatten zweihundert Schüler den Unterricht geschwänzt, weil ein Radio-DJ freien Eintritt im örtlichen Vergnügungspark versprochen hatte, wenn man in einem Halloween-Kostüm kam. Diese Schüler waren für ihr unentschuldigtes Fernbleiben nicht bestraft worden.

Samuel ärgerte sich zwar über den Arrest, aber im MEChA lernte er die Grundzüge politischen Handelns. Als er mit den Schuloberen sprach, legte er ihnen höflich seine Gründe dar. Die Strafe für die Schüler wurde nicht aufgehoben, aber Mapita ließ Samuel wissen, daß sie sein Engagement schätzte. Sie war stolz darauf, daß er etwas bewirken wollte.

Die guten Eigenschaften der Kinder sollten früh erkannt werden. Sie werden ihnen ihr Leben lang von Vorteil sein.

60. Kapitel

Ein kluger Mensch will niemandem schaden; er mischt sich auch nicht ständig ein

Man sagt, es mache keinen Unterschied, ob man ein großes Land regiert oder einen kleinen Fisch kocht. Man muß überall die gleiche Sorgfalt anwenden. Das gilt auch für die Kindererziehung. Harte Maßnahmen können viel zerstören. Andere zu verletzen kommt für kluge Eltern nicht in Frage. Sie finden einen Weg, wie man ein Vergehen des Kindes harmlos aussehen lassen kann. Dem Kind, das in der Diele die Wand bemalt, kann man einen besseren Platz für seine Gemälde zeigen; man kann ihm sagen, daß Zeichnen etwas Schönes ist und daß alle Menschen ein schönes Heim haben wollen.

Versuchen Sie, Ihre Beziehungen immer positiv zu sehen; betrachten Sie das Glas immer als halbvoll, nicht als halbleer.

Mapita versucht oft, sich in die Haut ihrer Jungen zu versetzen. Sie wachsen in einer ganz anderen Zeit auf als sie. Sie hat ihren Eltern nie widersprochen. Niemals. Es kostet sie viel Zeit und Mühe, mit Söhnen umzugehen, die ihr ungeniert widersprechen. Sie sind Jungen. Sie sind das einundzwanzigste Jahrhundert.

Einige Jahre lang klammerte sie sich an die alten Methoden. In der Grundschulzeit hat sie die Jungen einige Male verhauen. Sie war überzeugt, daß Prügel, wenn sie als Konsequenz einer Tat und nicht als spontane Strafe verabreicht wurden, eine wichtige Lehre vermittelten. Als die Kinder älter wurden, hörte sie damit auf, und wenn sie jetzt noch einmal in der gleichen Lage wäre, würde sie ihre Kinder wahrscheinlich nicht mehr schlagen.

Statt dessen hielt es Mapita, als die Jungen heranwuchsen, für die beste Methode, viel mit ihnen zu sprechen. Dabei stellte sie oft wichtige Fragen, die eine Antwort erforderten. Sie wußte, daß ihre eigene Erziehung ihr Denken beeinflußte, wenn es um die täglichen Ereignisse und Entscheidungen ging. Also versuchte sie, in größeren Zeiträumen zu denken: Was bedeutet dieses Ereignis für das Leben der Jungen, nicht nur für den Moment?

Eines Tages gingen Mapita während der Arbeit ständig die Söhne im Kopf herum. Irgendwie hatte sie das Gefühl, daß mit Jacob etwas nicht stimmte. Schließlich griff sie zum Telefon und rief die Sekretärin der High-School an. »Hallo, Mrs. Sanchez. Ja, Jacob ist in der Schule. Nein, er war nicht im Sekretariat.« Einen Augenblick später korrigierte sich die Sekretärin. »Halt, Moment mal. Tut mir leid, ich hab' die Zettel auf dem anderen Stapel nicht gesehen. Jacob ist vor der sechsten Stunde heimgegangen. Er fühlte sich nicht wohl. Wir haben seine Tante angerufen, genau nach Ihren Anweisungen auf der Notfallkarte.«

Also rief Mapita ihre Schwester an; die sagte, Jacob sei sofort nach Hause und ins Bett gegangen. Jetzt wurde es beunruhigend, denn als sie zu Hause anrief, ging Jacob nicht ans Telefon. Da wurde ihr plötzlich klar, wo er war. Sie beschloß, bei seinem Freund José anzurufen. Dort war gerade eine sehr hübsche Cousine zu Besuch. Und natürlich hatte Mapita mit einem einzigen weiteren Anruf ihren Sohn geortet. Es versetzte Jacob einen ziemlichen Schlag, als er die Stimme seiner Mutter hörte, kaum daß er die Schule verlassen hatte.

»Woher weißt du, daß ich krank bin?«

»Ich hab' es einfach irgendwie gespürt.«

»Woher hast du gewußt, daß ich hier bin?«

»Dazu hat es nicht viel Scharfsinn gebraucht. Wenn du wirklich krank bist, geh heim und leg dich ins Bett. Wir sehen uns um sieben.«

Jacob fühlte sich zwar nicht besonders wohl, aber er wollte lieber mit einem hübschen Mädchen zusammensein als sich auszukurieren. Mapita durchschaute ihn, weil sie in den letzten Tagen bei den Unterhaltungen der Jungen gut zugehört hatte und sich in ihren Sohn hineindenken konnte. Harte Worte waren nicht nötig. Jacob wußte, daß seine Mutter ihn gut kannte. Er begriff auch ohne ein weiteres Wort, daß er so etwas nicht mehr tun durfte.

Man braucht nicht die ganze Zeit zu jäten.

61. Kapitel

Wer sich selbst zurücknimmt, kann andere leiten

Es zeugt von Weisheit, wenn man andere, auch Kinder, achtet und ihre Gesellschaft schätzt. Es gehört zum Weg, daß man sich ange-wöhnt, ruhig zu sein und sich zurückzunehmen. Im Tao zeigen Eltern ihren Kindern auch, wie schön es ist, Menschen verschiedener Her-kunft kennenzulernen. Das kann bedeuten, daß man sich an unge-wohnten Orten aufhält und ungewöhnliche Situationen erlebt. Manchmal kommt man vielleicht auch in eine peinliche Lage. Und manchmal finden Eltern ungewöhnliche Wege, ihre Kinder besser kennenzulernen, indem sie sich auf etwas einlassen, was ihren sonsti-gen Gewohnheiten zuwiderläuft. Wer sich in die Welt eines anderen begibt, kann viel lernen.

Machen Sie klar, daß Sie gern neue Leute treffen; Sie können viel von ihnen lernen.

Margaret schätzt den Spruch »Gewinne neue Freunde, aber behalte die alten.« Sie wollte immer etwas über die Bräuche und Interessen von Leuten erfahren, die anders waren als sie. Auch Lew lernt gern andere Menschen kennen, wenn auch auf andere Art. »Also wirklich, mußt du dich so innig mit dem Schuhverkäu-fer anfreunden?« sagte Cynthia zu ihrer Mutter, nachdem sie alles mögliche über das Leben des jungen Japaners erfahren hatten, der sie beim Schuhkauf bediente. »Warum müssen wir unbedingt in *diesen* Supermarkt gehen?« fragte Patrick seine Mama, nachdem sie die Gänge des mexikanischen Supermarkts auf und ab getrot-

tet waren, wo Kaktusfrüchte und Rindszunge die Schlagerange-
bote darstellten.

Immer wenn die Kinder mit ihrer Tante June zusammen
waren, fragten sie hinterher: »Warum spricht sie immer mit
Fremden? Sie ist zu allen nett. Warum will sie immer so viel über
die Leute wissen?«

Oder sie fragten Lew: »Hast du deine Schüler schon wieder
hierher eingeladen?« Und er erinnerte sie daran, daß es sich um
Menschen aus den verschiedensten Gegenden der Welt handelte,
und je besser man sie kennenlerne, desto besser verstehe man
auch viele andere Dinge.

Aber wenn man jemand kennenlernen will, muß man manchmal ganz neue Wege beschreiten. »Ich muß sagen, Patrick, die
Simpsons sind doch nicht so schlecht. Ich freunde mich allmählich mit ihnen an. Marge ist großartig«, sagte Margaret eines
Tages. »Ihre Haare sind hoch aufgetürmt, blau und aufgeplustert,
aber der Kopf sitzt wenigstens an der richtigen Stelle. Was hast du
aus mir gemacht: Bart mag ich immer noch nicht – er macht mich
verrückt –, aber ich bin ein *Simpsons*-Fan.«

Und Lew fand, Reggae klinge wirklich ganz gut, nachdem er
zusammen mit Cynthia eine CD angehört hatte. Er wußte es zu
schätzen, wenn man bei den Songs die Worte wirklich verstehen
konnte ... und darüber nachdenken.

Seien Sie aufnahmebereit für alles, was des Weges kommt.

62. Kapitel

Das Tao verurteilt einen schlechten Menschen nie

Kluge Eltern glauben nicht, daß es schlechte Menschen gibt, wohl aber manche, die falsche Entscheidungen getroffen haben. Eltern helfen den Kindern, andere Leute von verschiedenen Seiten zu betrachten. Sie zeigen ihren Kindern vielleicht, wie sich ein Mensch auch anders und besser hätte entscheiden können, oder sie sprechen mit ihnen darüber, wie sich richtige Entscheidungen auf das Leben anderer Menschen ausgewirkt haben. Manchmal ist die Person, die den Eltern Schwierigkeiten macht, das eigene Kind. Manchmal ist es jemand, der der Familie irgendwie nahesteht. Im Tao versuchen die Eltern, Menschen objektiv zu sehen. Sie wissen, daß Vorurteile den Blick gefährlich trüben können. Die Erinnerung an einen Menschen, der negative Gefühle hervorgerufen hat, kann das Bild eines anderen, mit dem man gegenwärtig zu tun hat, ungünstig beeinflussen.

Betonen Sie das Positive. Helfen Sie, das Negative zu beseitigen. Alle Kinder sind Ihre Bemühungen wert. Manche brauchen Freundlichkeit und Zuneigung gerade dann, wenn sie sie am wenigsten zu verdienen scheinen.

Carl und Kate waren beunruhigt, als sie Hollys Freundin Anna kennenlernten. Fast alle, die mit ihr zu tun hatten, hielten sie für eine Pest – Eltern, Lehrer und Schulkameraden. Ihre Kleidung war oft sehr provokativ – eng, kurz, tief ausgeschnitten –, und sie hatte anscheinend nichts im Kopf als Jungen. »Er ist so sexy. Hast du gesehen, wie er mich angeschaut hat? Wie er wohl in einer

Badehose aussieht? Ich glaube, er mag dich. Ich wette, er küßt großartig.«

Einerseits waren Carl und Kate besorgt darüber, daß Holly soviel Zeit mit ihr verbrachte. Aber als sie Anna näher kennenlernten, erkannten sie auch, daß sie in ihrer schwierigen Familie kein Vorbild finden konnte. Sie wogen diese Argumente ab und ließen Holly weiterhin mit Anna verkehren, hielten aber die Augen offen. Sie befürchteten, Anna könne einen schlechten Einfluß auf Holly ausüben und fanden, das Klügste wäre, wenn die beiden sich nach Möglichkeit immer bei Holly träfen, so daß man die Entwicklung kontrollieren könnte. Kate und Carl wußten auch, daß ein Kind, das zu Hause nicht viel Anleitung genoß, vom Umgang mit anderen Eltern nur profitieren konnte. Sie gaben sich Mühe, diese Freundin, die sich so erwachsen gab, im Geist nicht abzustempeln. Holly beschloß, Annas Freundin zu bleiben, und sie war ihr in schwierigen Zeiten eine große Hilfe.

Anna mochte ihre schlechten Seiten haben, und anderswo hat sie sie auch ausgelebt, aber im Haus der Flanagans war sie rücksichtsvoll, gesprächig und freundlich. Sie war stets willkommen. Kate vertrat immer die Meinung, daß man mit einzelnen Menschen gut auskommen kann. Bei Gruppen von Jugendlichen ist sie mit ihrem Urteil vorsichtiger. Sie weiß, daß der Gruppendruck junge Leute dazu bringen kann, sich falsch zu verhalten, um den Freunden zu imponieren.

Ein weiser Mensch läßt niemanden im Stich.

63. Kapitel

Kümmern Sie sich um große Dinge,
solange sie noch klein sind

Bevor ein Problem überhandnimmt, muß die betroffene Person sich darum kümmern – oder vereinbaren, daß demnächst darüber diskutiert wird. Die Schulen können sich nicht viele Berater leisten, und so brauchen die Kinder andere Erwachsene, mit denen sie Probleme besprechen können. Auch andere Kinder können oft helfen, indem sie Anregungen, Ratschläge oder Trost geben.

Setzen Sie jeden Tag eine Zeit fest, in der Sie bereit sind, die Probleme der Kinder anzuhören. Sie müssen die Kinder gut genug kennen, um kleine Schwindeleien und gefährliche Lügen zu durchschauen. Seien Sie immer einen Schritt voraus, wenn die Zeit für eine Entscheidung kommt und Sie auf Informationen angewiesen sind. Erwarten Sie das Unerwartete, und Sie werden für die täglichen Ereignisse gerüstet sein.

Lew und Margaret fuhren gern im Auto in der Stadt herum. Auf diesen Fahrten hatten sie Gelegenheit, mit den Kindern beisammenzusein und zu plaudern. Im Auto gab es weder Telefon noch Fernsehen, niemand konnte die Unterhaltung stören. Diese Fahrten eigneten sich gut zum Zuhören. Die Eltern hielten grundsätzlich keine Vorträge, aber sie erzählten doch gern von Vorfällen, mit denen sich eine »gute Lehre« verbinden ließ. »Ja, du mußt mithelfen, deine Zahnspange zu finden. Fehler haben Konsequenzen. Schon richtig, jeder macht Fehler. Das ist nicht schlimm, solange man nicht den gleichen Fehler zweimal macht.«

»Das finde ich großartig, daß du dich selbst darum kümmern willst.« Die Autofahrten boten Gelegenheit, über Dinge zu sprechen, die sonst vielleicht unbeachtet geblieben wären. Margaret und Lew wissen, daß die Kinder zuhören, und daß sie auch sozusagen zwischen den Zeilen zuhören. Manchmal erfahren die Eltern Dinge, die sie nicht verstehen, weil sie nicht genug über die Kinder und ihren Umgang wissen, um den Sinn zu begreifen.

Margaret besteht darauf, daß sie die Adressen und Telefonnummern aller Freunde ihrer Kinder schriftlich bekommt. Und erst seit die Kinder in der High-School sind, will sie nicht mehr unbedingt die Eltern aller Freunde persönlich kennenlernen. Aber auch da fand sie es noch richtig, sich durch einen kurzen Besuch einen Eindruck vom Elternhaus der engsten Freunde zu verschaffen. Sie und Lew laden gelegentlich andere Eltern zu sich ein oder plaudern mit ihnen durchs Autofenster, wenn sie ihre Kinder abholen. Sie machen sich klar, daß aus ein bißchen Wissen viel Verständnis erwachsen kann.

Behandeln Sie alles, als sei es schwierig, und es wird nicht schwierig werden. Seien Sie bereit. Gehen Sie Probleme an, bevor sie zu solcher Größe anwachsen, daß sie kaum mehr zu bewältigen sind. Gehen Sie Schritt für Schritt vor.

64. Kapitel

Schaffen Sie Ordnung, bevor Unordnung entsteht

Kluge Eltern wissen, daß in manchen Dingen Ordnung herrschen muß, wenn es mit dem Familienleben klappen soll, wenn alle gesund bleiben und den anderen nicht auf die Nerven gehen sollen. Die Schwierigkeiten mit der Terminplanung, die sich in kinderreichen Familien ergeben, können einen schier aus der Fassung bringen. Alle Ereignisse und Veranstaltungen in der Schule, in der Kirche und im Sport müssen im Kalender eingetragen werden; dazu kommen noch die geselligen Anlässe. Es ist auch nicht einfach, das tägliche Leben im Haushalt zu organisieren. Wäsche, Abwasch, Abfall, Papierkram – das nimmt nie ein Ende. Das kann frustrierend sein.

Denken Sie daran, daß die Eltern nicht alle Arbeit tun müssen. Ihre Pflicht liegt eher darin, den Kindern dabei zu helfen, ihre eigenen Angelegenheiten selbst zu erledigen. Eltern sollten die Kinder anleiten, Aufgaben zu erfüllen, die der ganzen Familie nützen.

Die Familie Singleton ging gern zum Zelten. Aber es war nie genug Geld da, daß man sich einfach eine Camping-Ausrüstung hätte kaufen können. Also wurde es so eingerichtet, daß man sich Kleidung und Ausrüstungsgegenstände auslieh. Verwandte und Freunde überließen ihnen kleinere Ausrüstungsgegenstände und abgelegte Campingkleidung, die größeren Sachen liehen sich Dot und John von der Kirche, wie zum Beispiel ein Familienzelt. So machte die Freundlichkeit anderer Leute die Ausflüge möglich. Bei diesen Unternehmungen mußten alle Familienmitglieder

Pflichten übernehmen. Dot war immer für Proviant zuständig, John mußte sich um das Zelt und die restliche Ausrüstung kümmern.

Zuhause war jeder für sein eigenes Zimmer verantwortlich. Beim Abwasch wurde täglich abgewechselt. Die Jungen kochten an zwei Abenden in der Woche. Eins der Kinder mußte abstauben, eines staubsaugen, eins das Bad putzen, eins den Hof kehren und eins die Hunde füttern. Wenn Irma mit dem Kochen dran war, freuten sich alle, denn sie beherrschte auch schwierige Rezepte und verwendete nur gute Zutaten.

Irma hatte auch Sinn für Sauberkeit und Ordnung, und Dot konnte sich auf ihren Rat verlassen, wenn es darum ging, System in den häuslichen Papierkram zu bekommen.

Die gemeinsamen Autofahrten geben den Singletons Gelegenheit, ihr Leben sozusagen zu sortieren und in der Familie Harmonie herzustellen. Etwa einmal im Monat setzen sie sich ins Auto und fahren weit weg, manchmal sogar bis in den nächsten Staat. Dabei können sie Familienangelegenheiten diskutieren, besprechen, was die einzelnen vorhaben. Sie erzählen von kleinen, aber bedeutenden Ereignissen, die im hektischen Alltag untergegangen waren. Dann erörtern sie die wichtigen Probleme, die anstehen.

Dot liebt dieses Gedicht, das ihr ihre Schwester einmal geschenkt hat:

Nimm dir Zeit

Nimm dir Zeit zum Denken; das ist die Quelle der Kraft.

Nimm dir Zeit zum Spielen; das ist das Geheimnis der ewigen Jugend.

Nimm dir Zeit zum Lesen; das ist der Born der Weisheit.

Nimm dir Zeit zum Lieben und Geliebtwerden;

das ist ein Geschenk des Himmels.

Nimm dir Zeit zum Freundlichsein; das ist der Weg zum Glück.

Nimm dir Zeit zum Lachen; das ist die Musik der Seele.

Nimm dir Zeit zum Geben; das Leben ist zu kurz für Selbstsucht.

Nimm dir Zeit für deine Familie; sie ist der Reichtum deines Lebens.

(Anonym)

Am Anfang und am Ende eines neuen Vorhabens muß man vorsichtig sein. Bringen Sie die Dinge zu Ende.

65. Kapitel

Versuchen Sie nicht, durch Intelligenz zu herrschen

Obwohl die meisten Eltern durchaus in der Lage sind, vernünftige Entscheidungen für ihre Kinder zu treffen, versuchen kluge Eltern doch, gemeinsam mit den Kindern zu einer Entscheidung zu kommen. Wenn man einseitige Beschlüsse faßt, dann ist das auf kurze Sicht für die Familie vielleicht vorteilhaft, aber die Kinder lernen nicht, wie man Probleme löst und Entscheidungen fällt.

Wenn die Kinder merken, daß auch Sie nicht alles wissen, daß auch Sie nicht alle Antworten haben, können sie ihre eigene Tüchtigkeit zeigen.

Der Ringer-Trainer von Samuel und Jacob war jung und neu an der Schule. Er hatte die besten Absichten, aber Mapita kam mit ihm nicht aus. Was die Sache noch schlimmer machte: Er war einmal ihr Schüler gewesen. Damals allerdings hatten sie keine Probleme miteinander gehabt. Als Erwachsener war er jetzt gedankenlos und vom Sport geradezu besessen. Für Mapita kam die Schule zuerst, und der Sport war eine Nebensache. Der Trainer aber schien zu glauben, daß sich die Welt nur um das Ringen drehte. Er sprach sich nicht immer mit den Klassenlehrern ab, wodurch sich noch zusätzliche Probleme ergaben. Häufig mußten die Jungen wegen Ringveranstaltungen die Schule früher verlassen, und dann stellte sich heraus, daß der Coach die Lehrer nicht informiert hatte.

Mapita hatte mehrere Unterredungen mit dem Trainer, aber

sie war am Ende immer frustriert. Für ihn war sie eine Glucke, die sich in seine Angelegenheiten einmischte. Er deutete an, sie hätte wohl gern, daß die Jungen an ihrem Rockzipfel hingen. Das machte sie noch wütender. Er behauptete fest, er übe nicht zuviel Druck auf die Jungen aus. Nein, er befehle ihnen nicht, zuviel abzunehmen. Nein, er gefährde ihre Gesundheit nicht.

Nach einiger Zeit sagten die Jungen Mapita, sie solle die Sache mit dem Trainer ihnen überlassen. Sie argumentierten, sie seien alt genug, um für sich selbst zu sprechen, und der Coach unterscheide sich in seinen Ansichten kaum von anderen Trainern. Es fiel Mapita schwer, sich herauszuhalten, aber sie vermied in Zukunft direkte Auseinandersetzungen. Sie erkannte auch, daß ihre Söhne tatsächlich fähig waren, ihren Standpunkt zu vertreten. Für sie als Mutter war es besser, wenn die Söhne sich alleine durchsetzen konnten. Bei vielen Entscheidungen und Anlässen kam Mapitas Meinung indirekt zur Geltung, aber die Jungen konnten das, was sie zu Hause hörten, selbst interpretieren. Sie kümmerten sich um ihre eigenen Angelegenheiten. Sie lernten allmählich, mit ihren Problemen selbst fertigzuwerden. Es war besser so.

Kluge Eltern geben mit ihrer Intelligenz nicht an.

66. Kapitel

Konkurrieren Sie nicht; unterdrücken Sie nicht

Dieser Gedanke taucht im Tao-te-king immer wieder auf. Die Botschaft ist klar, und trotzdem fällt es manchen Menschen schwer, sie auf unser westliches Leben anzuwenden. Sie bedeutet nicht nur, daß wir nicht mit anderen Familien konkurrieren, sondern auch, daß Eltern untereinander nicht wetteifern sollen. Mütter und Väter sind Individuen mit verschiedenen Persönlichkeiten, Gewohnheiten, Vorlieben und Abneigungen. Einer der Partner ist vielleicht Frühaufsteher, der andere ein Langschläfer. Der eine macht es sich gern vor dem Fernseher gemütlich, der andere braucht ständig Bewegung. Der eine geht gerne ins Restaurant, der andere kocht lieber selbst zu Hause. Trotz aller Verschiedenheit können sie aber Wege finden, Übereinstimmung und Harmonie herzustellen.

Arbeiten Sie nicht gegeneinander; arbeiten Sie miteinander.

Die Umstände, unter denen Lew und Margaret aufwuchsen, hatten äußerlich viel Ähnlichkeit: gleiche Religion, gleiche Gegend, gleiche ethnische Herkunft; ihre Schullaufbahnen glichen sich, sie besuchten das gleiche College, hatten den gleichen Bildungsstand. Sogar der Sommerurlaub ihrer Familien war nach dem gleichen Muster abgelaufen. Bevor sie ihre beiden Kinder bekamen, gab es fast keinen Konfliktstoff. Geld war kaum ein Problem bei zwei Einkommen, und die Freizeit organisierten sie von Tag zu Tag, je nach ihren Terminen. Aber als die Kinder da waren, gab es ständig Probleme, denn Zeit und Geld mußten plötzlich genau eingeteilt werden. Im Lauf der Jahre kam es zunehmend zu Zwistigkeiten zwischen den beiden. In Lews Familie war es locker zugegangen, es gab nur Jungen, und sie genossen große Freiheit. Margaret andererseits war eine von drei Töchtern. Bei ihrer Erziehung spielten familiäre Pflichten eine große Rolle. Rechnungen, Uhrzeiten und Terminkalender wurden in den beiden Häusern sehr unterschiedlich behandelt. Als ihre eigenen Kinder heranwuchsen, orientierten sich Lew und Margaret jeweils an ihrer eigenen Vergangenheit, wenn sie eine Situation beurteilten. Und sie stellten fest, daß sie in den meisten Fällen von sehr unterschiedlichen Voraussetzungen ausgingen.

Margaret und Lew verstrickten sich von früh bis spät in Diskussionen, wenn es um Familienangelegenheiten ging. Sie erinnern sich noch an Bemerkungen und Antworten wie diese: »Ich kann Haferbrei nun mal nicht ausstehen!« – »Warum kannst du nicht fünf Minuten früher fahren und ihn rechtzeitig zur Schule bringen?« – »Das Essen ist fertig. Wo bleibst du?« – »Ich will nicht spazierengehen, weil ich Spaziergänge nicht mag.« – »Tu bloß nicht so, als ob du vollkommen wärst.« – »Was glaubst du, was du bist, der Küchenkönig?« – »Sei kein solcher Geizkragen.« – »Wozu hast du das gekauft?« – »Und warum sollen wir nicht beim Essen fernsehen?« – »Wer sagt, daß die Kinder schon ins Bett müssen?« – »Warum schläfst du zuwenig?« Die Machtkämpfe dauerten nicht ständig an, aber wenn sie ausbrachen, waren sie für alle sehr anstrengend und entnervend.

Doch einmal geschah etwas, was die Dinge für die Familie Williams wieder zurechtrückte. Im Spätsommer beschlossen Lew und Margaret spontan, mit den Kindern in den Yosemite-Nationalpark zu fahren. Als sie noch keine Kinder hatten, waren sie oft dort gewesen, hatten hohe Berge bestiegen, Skitouren gemacht und zu den verschiedensten Jahreszeiten gezeltet. Das war nun Jahre her. Sie liebten diesen Park, seine Atmosphäre und seine landschaftliche Schönheit. Auch in der Hochsaison hatten sie immer ziemlich einsame Stellen gefunden, wo sie sich von der Arbeit erholen und ihre Beziehung auffrischen konnten.

So kurzfristig konnte die Familie Williams keines der Blockhäuser mehr bekommen. Also fuhren sie zu einem einsamen Zeltplatz im Süden, oberhalb des Tals, bei dem man nicht vorbestellen mußte. Sie kamen an einem Sonntag spätnachmittags an und verbrachten die restlichen hellen Stunden damit, einen einsamen Platz für das Zelt zu finden und zu roden. Sie schlugen ihr Camp auf, rollten die Schlafsäcke aus, kochten, aßen und spülten ab. Dann spielten sie beim Licht einer Laterne zusammen Karten, in der tiefen Dunkelheit des Waldes.

Die nächsten zwei Tage wanderten und fischten sie, kochten und genossen es, in der Natur zu sein. Alle Differenzen waren weit weg. Sie wanderten unter hohen Bäumen, an plätschernden Bächen entlang, über vergilbende Herbstwiesen und zu klaren, rauschenden Wasserfällen. Alles ging gut, nur einmal schubste ein Esel Margaret vom Weg. Sie aßen heißen Haferbrei am kühlen Morgen, fingen Forellen aus einem kalten See und brieten sie am Lagerfeuer zum Abendessen. Alle halfen beim Kochen und Abspülen. Jeden Abend spielten sie an ihrem hölzernen Picknicktisch verschiedene Spiele, aßen geröstete Marshmallows dazu, machten Späße und sangen.

Seit diesem Erlebnis im Yosemite haben Campingurlaube und sonstige Abenteuer im Freien immer wieder Harmonie ins Familienleben der Williams' gebracht. Die kleinen Ärgernisse, die entstehen, wenn man für Haus und Familie sorgen muß, entschwinden. Es tut wirklich gut wegzukommen. Nicht, daß ihr Alltag jetzt völlig reibungslos verliefe. Aber immer, wenn Spannungen entstehen, denken Lew und Margaret daran, ein wie gutes Team sie in der freien Natur sind. Dadurch wird es irgendwie leichter, in den

Perioden des »zivilisierten« Lebens den Standpunkt des anderen
zu verstehen.

*Zu einem Konkurrenzkampf gehören zwei Leute. Wenn Sie
sich nicht daran beteiligen, kommt keine Konkurrenz auf.
Je mehr man anderen gibt, desto mehr besitzt man.
Geben Sie sich mit dem letzten Platz zufrieden.*

67. Kapitel

Zeigen Sie Mitgefühl, seien Sie genügsam und bereit zu folgen

Kluge Eltern kümmern sich immer um andere, denn über Freundlichkeit gelangt man zur Freundschaft. Wie man in den Wald hineinruft, so schallt es heraus. Im Tao erkennen Eltern, daß derjenige wirklich reich ist, der das Einfache liebt. Wenn man mit Geld immer vernünftig umgeht, genießt man Sicherheit und sorgt für das Alter vor. Kluge Eltern sind auch nicht darauf aus, immer als Anführer zu fungieren, denn Bescheidenheit zeichnet alle großen Menschen aus. Zusammenarbeit kann unsere Welt besser machen – wie das geht, kann man in der Familie gut lernen.

Schließen Sie die Kinder in Ihre Liebe ein. Machen Sie sich frei von kostspieligen Vorlieben und ausgereizten Überziehungskrediten. Dergleichen schafft nur Probleme. Befreien Sie sich von dem Gefühl, in jeder Situation unbedingt die Kontrolle haben zu müssen. Lassen Sie andere – Kinder und Erwachsene – an der Führung teilhaben.

Kate und Carl wissen, daß Liebe sich nicht in Worten erschöpft. Der Gesichtsausdruck, der Ton der Stimme, die Augen, das Lächeln, Umarmungen und liebevolle Späße gehören zu jeder Beziehung zwischen Menschen. Kate war sich schon immer bewußt, daß man Menschen gerecht und freundlich behandeln muß, und zwar unabhängig von ihrer Stellung. Sie arbeitet an einer Schule und hat dort Kontakt mit Schulpersonal aller Art. Sie nimmt alle Kollegen ernst und freut sich über den Umgang mit ihnen und über ihre Freundschaft. Der Hausmeister ist wichtig.

Ihre Hilfskraft ist wichtig. Die Schulsekretärin ist wichtig. Der Schulweghelfer an der Ecke ist wichtig. Und ja, der Direktor ist auch wichtig. Es gehört für sie unbedingt dazu, jeden Tag mit den anderen Angestellten ein paar freundliche Worte zu wechseln.

Einige Prinzipien sind in ihrem Haus immer hochgehalten worden: Wir stempeln Menschen nicht ab. Es werden keine rassistischen Witze erzählt. Wir versuchen, Menschen nach ihrem Charakter zu beurteilen. Kein Sarkasmus. Und wir bringen Menschen nicht in Verlegenheit. Jeder Mensch verdient die gleiche Achtung, als wäre er ein geehrter Gast in unserem Haus.

Daß man Kinder liebt, weil sie sind, wie sie sind, ist ein Gebot im Haus, und es wirkt sich auch auf Kates Arbeit aus. Sie erzählt daheim oft Geschichten von einigen ihrer »ungezogenen« Kindergartenkinder. Irgendwie scheinen gerade diese Kinder ihr besonders am Herzen zu liegen, obwohl Kate alle sehr gern mag. Sie läßt die Familie teilhaben an der Freude, die ihr diese Fünfjährigen mit ihrer Aufrichtigkeit und ihrer Freude an den kleinen Entdeckungen des Lebens und der Welt machen.

Kate und Carl fragen ihre eigenen Kinder oft um Rat. Sie respektieren die Ansichten ihrer Kinder auf manchen Gebieten, vor allem bei Themen der modernen Kultur, von denen sie oft in der Zeitung lesen, ohne viel zu begreifen. Wenn in der Sonntagsbeilage eine neue Mode gefeiert wird, fragt Kate: »Tragen normale Menschen so etwas, oder ist die Mode nur für Models da?« Wenn im Veranstaltungskalender eine Musikgruppe angepriesen wird, fragt Carl, was die Kids darüber wissen. Er weiß, daß er in bezug auf die verschiedenen Musiker und ihre Musik durchaus nicht auf dem laufenden ist.

Carl und Kate behalten sich auch vor, gelegentlich ihre Meinung ändern zu dürfen. Corey wünschte sich einen Hund, und immer, wenn sie auf der Fahrt durch die Stadt einen netten

Hund sahen, bettelte er, die Eltern sollten einen kaufen. Die Antwort lautete immer Nein.

In der dritten Klasse schrieb Corey eine Geschichte über »seinen« Hund als Klassenarbeit:

> Ich habe meinen Hund sehr lieb. Er ist nett, und ich spiele gern mit ihm. Er hat eine Hütte im Hof. Ich gebe ihm jeden Tag Hundefutter. Er ist ein sehr guter Hund.

Als Coreys Lehrerin Kate einmal zufällig traf, erwähnte sie den Aufsatz.

In der Woche darauf lief ein junger Hund in Kates Klassenzimmer. Der Hausmeister behandelte die Angelegenheit wie üblich: Er behielt den Hund einen Tag lang und fragte in der Nachbarschaft nach den Eigentümern herum. Dann wollte er ihn ins Tierheim geben. Bis zum Abend hatte sich noch niemand in der Schule gemeldet. Kate sagte dem Hausmeister, sie werde den kleinen Hund mit nach Hause nehmen, »nur übers Wochenende ... falls sich die Eigentümer doch noch melden«.

Ein Wochenende reichte dem Welpen, um alle Herzen zu gewinnen. Corey hatte endlich seinen Hund.

Sprechen Sie aus dem Hintergrund; so können Sie vorne bleiben, ohne anderen die Sicht zu verstellen.

68. Kapitel

Ihre Stärke zeigt sich nicht in Ihrem Äußeren oder Ihrer Stellung

Kluge Eltern steuern das Boot, indem sie hinten das Ruder bedienen; sie müssen nicht am Bug stehen, um die Richtung zu weisen. Wenn die Eltern sich nach den Wünschen der Kinder richten, sind sie in der Lage, von hinten aus zu steuern und Beistand zu leisten.

Erfüllen Sie die Bedürfnisse der Kinder, um sie zu leiten. Seien Sie da, wenn Sie gebraucht werden. Wenn man solche Gelegenheiten vorausahnt, wird die Erziehung leichter.

Joe war in seiner Jugend Baseballfan. In der Grundschule sammelte er Baseballbildchen. Er hatte Hunderte davon, sauber geordnet nach Mannschaften, in Schuhschachteln im Schrank. Er hatte sogar einen Baseball mit dem Autogramm von Babe Ruth geerbt. Oft wartete seine Familie mit ihm an den Stadiontoren, damit er von den Spielern Autogramme bekommen konnte.

Als er heranwuchs, verlor er das Interesse an diesem Hobby. Er beschloß, seine Bilder zu verkaufen, und setzte eine Anzeige in die örtliche Zeitung. Dot und John rieten ihm, seine Sammlung zusammenzuhalten, aber eines Tages kam ein alter Mann ins Haus und bot Joe 150 Dollar für einen großen Teil der Sammlung. Joe verkaufte seine Andenken und die wertvollen Bilder; Dots und Johns Versuche, ihn umzustimmen, blieben erfolglos. Einige Jahre später sagte er: »Ihr hättet mich zurückhalten sollen! Denkt bloß, wie wertvoll diese Sammlung jetzt wäre! Wir hätten das College damit bezahlen können. Ich habe alle die wichtigsten Bilder gehabt!!!« Aber John und Dot wissen noch genau, daß er sich damals auf seine Entscheidung versteift hatte. Es tut ihnen leid, daß die Bildchen verkauft sind, aber es tut ihnen nicht leid, daß Joe eine Lektion erhalten hat.

Man muß nicht unbedingt der Erste sein.

69. Kapitel

Legen Sie es nicht auf Konfrontation an

Es ist selten nötig, mit Kindern zu streiten, und es ist auch selten nötig, die Beherrschung zu verlieren. Es gibt auch andere Möglichkeiten. Kluge Eltern lösen Konflikte lieber auf Umwegen.

Wenn eine direkte Auseinandersetzung unumgänglich ist, weil ein Kind zum Beispiel etwas abstreitet, was Sie selbst gesehen haben, dann drücken Sie Ihr Bedauern über den Konflikt aus. Gebrauchen Sie positive Worte. Sagen Sie nicht: »Du lügst«, sondern: »Sag immer die Wahrheit.«

Jacob bekam zwei Wochen lang das Auto nicht, weil er an einem Mittwochabend nicht zur vereinbarten Zeit zu Hause war. Verlinda, eine neue Freundin, brauchte seine Hilfe in Algebra, und so half er ihr vier Stunden lang. Als er kurz vor elf nach Hause kam, grüßte ihn Mapita sehr frostig und erinnerte ihn an die Konsequenzen, die er zu erwarten hatte. Jacob fand die Bestrafung aber unfair: »Wieso habe ich eine Strafe verdient? Du sagst immer, wir sollen anderen helfen! Ich habe Verlinda mit den Matheaufgaben geholfen. Sie hat mich erst um sechs angerufen. Ich habe Samuel ihre Adresse und Telefonnummer gegeben. Ich bin nicht schuld, wenn er dir nicht Bescheid gesagt hat. Ich *war* rechtzeitig vor elf daheim. Was? Ja, ich weiß, unter der Woche sollen wir um acht zu Hause sein wegen des Ringens. Aber wieso soll ich eine Strafe kriegen? Ich habe einem Menschen etwas Gutes getan. Wir *sollen* doch hilfsbereit sein . . .«

In dieser Situation versuchte Jacob, sich herauszureden. Aber mit glatten Lügen ist es etwas anderes. Mapita hat die ganze Zeit das Prinzip hochgehalten, man könne gerade noch akzeptieren, wenn jemand anfänglich lügt, aber dann doch alles zugibt. Aber man muß immer die Wahrheit sagen.

Die Jungen merkten, daß Lügen nichts brachte, denn »Mama kriegt es sowieso raus«. Wenn die Jungen etwas falsch gemacht hatten und es ehrlich zugaben, dann lobte Mapita sie für ihre Ehrlichkeit. Das hieß aber nicht, daß es für die ursprüngliche Verfehlung keine Strafe gegeben hätte. Durchaus nicht. Aber anstatt strenge Strafen zu verhängen, fragte sie sich, inwieweit der Sünder bereits bestraft war (»Ich habe mein bestes Messer verloren. Es geht mir ab.«), und dann besprach sie mit den Söhnen, was darüber hinaus noch angemessen war. (Weil du nicht aufgepaßt hast, mußt du das neue Messer ganz allein bezahlen.)

Vermeiden Sie Konflikte. Auch der Rückzug ist eine Art des Vorwärtskommens.

70. Kapitel

Seien Sie ehrlich und einfach

Manche Familien häufen »Spielsachen« an. Sie kaufen die neuesten und besten elektronischen Geräte, exklusive Autos, Boote und Großbildfernseher. Manche Dinge tun sie eher, um aufzufallen, als wegen des Vergnügens. Wenn man etwas nur zu dem Zweck tut, die Aufmerksamkeit oder Bewunderung anderer zu erregen, ergeben sich Probleme. Im Tao entwickeln Familien Hobbys und Interessen, die gesund sind und ein Leben lang Freude machen. Wenn Eltern ihren Erfolg oder Reichtum stolz zur Schau stellen und sich für etwas Besonderes halten, ist es nicht verwunderlich, daß sie sich bei anderen damit nicht beliebt machen. Dabei ist Erfolg an und für sich nicht schädlich. Wenn kluge Eltern zu Geld kommen, nützen sie es, um Dinge von dauerhaftem Wert zu kaufen.

Versuchen Sie nicht, die Nachbarn zu überbieten, sondern »unterbieten« Sie sie. Lernen Sie einfache Dinge und Vergnügungen schätzen.

Gelegentlich fragten sich Lew und Margaret, ob ihre Kinder nicht zu kurz kämen, weil sie keinen Swimmingpool hatten, kein tolles Auto und keine teure Sportausrüstung. Lew fuhr fünfzehn Jahre lang einen VW Käfer von 1966 und verkaufte ihn dann zum gleichen Preis, für den er ihn gekauft hatte. Das nächste Familienauto war ein Kombi – ein Gebrauchtwagen, den er von einem Verwandten kaufte, weil er praktisch war, nicht wegen der Schönheit. Für die Williams' diente ein Auto allein dazu, Leute sicher von einem Ort zum anderen zu bringen. Eines Tages zog einer von Lews Schülern ihn damit auf, daß er immer so altmodische braune Sachen anhatte. Seine Antwort war, solange er in einem braunen Haus lebe, ein braunes Auto fahre, braune Haare habe und braune Schuhe trüge, könne ebensogut auch seine Kleidung braun sein.

Margaret war nicht auf braune Kleider spezialisiert, aber auch sie achtete nicht besonders auf die Mode. Sie war daran gewöhnt, gewisse Kleider in unauffälligen Farben jahrelang zu tragen; sie wechselte nur ab und zu die Accessoires. Wenn sie ein helles Kleid anhatte, schaffte sie es immer, Spaghettisauce draufzukleckern; deshalb bevorzugte sie Muster und Farben, auf denen Flecken nicht so auffielen. Ihre Freizeit- und Sportkleidung bestand aus Jeans und Sandalen oder Turnschuhen; die Ärmel mußte man aufkrempeln können, und sie zog so viele Schichten übereinander an, wie es die Temperatur erforderte.

Jahrelang brauchten Lew und Margaret zu keinem Ereignis festliche Kleidung. Ihre Essenseinladungen waren immer informell. Abendkleidung paßte einfach nicht zu ihrem Lebensstil, bis einmal eine schicksalsschwere Einladung kam. Sie mußten aus beruflichen Gründen an einem Bankett teilnehmen, bei dem Abendkleidung nicht nur erwünscht, sondern vorgeschrieben war. Es gab also keinen Ausweg. Für Lew konnte man einen Smoking ausleihen, das war noch harmlos. Er fand einen konservativen Anzug und mietete ihn samt Hemd, Krawatte und Schuhen. Basta. Margaret aber konnte sich nicht mit dem Gedanken anfreunden, für eine einzige Gelegenheit ein Abendkleid zu kaufen. Sie hörte, daß man Kleider auch ausleihen könne. Also ging sie in einen Verleih für Abendkleider und quetschte sich in mehrere Gewänder, deren Miete dreimal so teuer war wie das teuerste Kleidungsstück, das sich Margaret je gekauft hatte. Da verließ sie das Geschäft und ging in ein großes Billigkaufhaus, in dem stark herabgesetzte Glitzerkleider angeboten wurden. Die meisten waren sehr kurz und kamen für Margaret, die über vierzig war, nicht in Frage (jedenfalls ihrer Meinung nach). Glücklicherweise gab es auch einige schicke zweiteilige Kleider, und so wurde aus einem kurzen Kleid ein langes, indem Margaret mit Schere und Nadel und viel Geschick zu Werke ging und den Rock des Zweiteiligen drannähte. Die beiden Kleider hatten zusammen nur ein Drittel dessen gekostet, was der Kleiderverleih verlangt hätte. Als alles geschafft war und das elegante Paar sich zu Hause verabschiedete, fotografierten die Kinder sie, als gingen sie zum Schulabschlußball. Und Patrick sagte noch: »Gute Arbeit, Mama.«

Tragen Sie kostbare Jade nur unter einem groben Hemd.
Seien Sie ehrlich und einfach.

71. Kapitel

Geben Sie es zu, wenn Sie etwas nicht wissen

Kinder respektieren Eltern, die es zugeben, wenn sie etwas nicht wissen. Kluge Eltern sind keineswegs allwissend. Erkenntnisse zu vermitteln, Kinder zum Denken und Fragen aufzufordern und jede Bemühung um Information zu unterstützen sind wichtige Aufgaben im Tao. Es ist besser, zu wissen und zu glauben, man wisse nichts, als nichts zu wissen und zu glauben, man wisse etwas. Wenn Eltern nicht wissen, wie man etwas erreicht, müssen sie rückwärts denken. Was sollen die Kinder meiner Meinung nach erreichen? Was müssen sie dazu tun? Wie können sie sich darauf vorbereiten?

Man muß nicht alles wissen. Unterstützen Sie Ihre Kinder bei der Suche nach Menschen, die ihnen weiterhelfen können. Ihre Kinder lernen von Ihnen das, was Sie wissen. Das Übrige müssen Eltern und Kinder gemeinsam erkennen.

Als Holly an der Universität in einem Architekturgrundkurs Schwierigkeiten hatte, konnten Carl und Kate ihr nicht helfen, weil Holly weit weg war und sie beide keine Ahnung von Architektur hatten. In der High-School war Holly eine sehr gute Schülerin gewesen. In ihrer neuen Umgebung aber und unter so vielen klugen jungen Menschen fühlte sie sich unsicher. Sie wollte ihren Professor nicht »belästigen«, aber als es ihr immer schlechter ging, empfahlen ihr die Eltern, mit jemand anderem zu sprechen. Holly versuchte, einen Freund zu finden, der sich in der Materie auskannte, aber ohne Erfolg. Schließlich wurde ihr klar, daß die

Person, die ihr am besten helfen konnte, doch der Professor war.

Sie hatte Angst, als sie sich anschickte, zum erstenmal einen Professor in seinem Büro aufzusuchen. Sie war sich nicht einmal sicher, ob sie sein Büro in den Gängen des alten Ziegelbaus finden würde. Und als sie es fand, wußte sie nicht, ob er da war; denn die große Eichentür war geschlossen. Mit Überraschung hörte sie den Professor rufen: »Herein!« Die Tür wirkte riesig und schien ihr sehr schwer beim Aufmachen. Die Bücherregale an allen vier Wänden schüchterten sie ein. Aber glücklicherweise war Dr. Patterson höflich und freundlich. Er fand es richtig, daß sie gekommen war, sagte, daß sie einen der schwierigsten Kurse gewählt habe und durchaus nicht die einzige sei, die Hilfe brauche. Er zeigte sich nicht nur hilfsbereit, sondern auch verständnisvoll. Er nannte ihr eine Studentin, die als Tutorin arbeitete. Sie gab zweimal in der Woche Unterricht. Holly fand den Vorschlag gut und bat ihre Eltern, sich an den Kosten zu beteiligen. Sie schaffte das Semester dank ihrer Tutorin, einer jungen Studentin namens Bonnie.

Dieser Grundkurs war eine hohe Hürde. Als die einmal genommen war, fand Holly die Gruppenarbeit viel interessanter und fühlte sich auch imstande, selbständig zu arbeiten. Kate und Carl fanden, das Geld für die Nachhilfestunden sei gut angelegt gewesen. Denn vielleicht hätte ihre Tochter sonst entmutigt das Hauptfach gewechselt, nur weil der Grundkurs in Architektur so eine Strapaze war.

Halten Sie sich zurück, dann werden die Kinder lernen.

72. Kapitel

Autorität erwirbt man mit Sanftmut

Erziehung bedeutet auch vorsichtige Führung. Mütter und Väter stellen oft fest, daß ihre Kinder auf ein falsches Gleis geraten oder falschen Ideen anhängen. Anstatt ihren Kindern zu sagen, daß sie unrecht haben, oder ihnen etwas zu verbieten, geben kluge Eltern ihren Kindern lange Leine. Anstatt den Kindern ständig Ratschläge zu geben, bitten sie die Kinder um Rat. Was würden sie tun, wenn sie die Eltern wären? Sie erlauben den Kindern, ihre Probleme selbst zu lösen, wenn sie das können. Sie bedenken, daß die Schule viel von den Kindern verlangt, und zwingen sie nicht zu Zusatzkursen und sportlichem Ehrgeiz, die zuviel Zeit und Energie beanspruchen. Die Kinder müssen auch einmal Zeit haben, nichts zu tun.

Laden Sie Ihren Kindern und sich selbst keine zu großen Lasten auf.

Sowohl Patrick als auch Cynthia wollten in der dritten Klasse Klavierunterricht nehmen. Cynthia hielt drei Jahre durch. Sie hatte eine freundliche, aber anspruchsvolle Lehrerin, die in ihrer Wohnung nahe der Schule an einem Stutzflügel unterrichtete. Aber Cynthia brachte die Zeit zum Üben einfach nicht auf, so beschäftigt war sie mit den Pfadfindern, mit Schulveranstaltungen und mit Sport. Und was noch schlimmer war: Wenn sie vor Publikum spielen sollte, wurde sie furchtbar nervös. »Meine Hände werden so naß, daß mir die Finger von den Tasten rutschen!«

Margaret erinnerte sich, daß sie als Achtkläßlerin auch arges

Lampenfieber hatte. Sie hatte ihre Eltern gebeten, die Klavierleh-
rerin wechseln zu dürfen. Sie wollte zu der Lehrerin, die ihre
Freundin jahrelang gehabt hatte. Sie hatte allerdings nicht
bedacht, daß die neue Lehrerin Vorspielabende veranstaltete.
Margaret erzählte das ihren Kindern nie, aber sie hat ihre eigenen
Eltern über diese Veranstaltungen einfach nicht informiert.
Irgendwie schaffte sie es, sich davor zu drücken, bis sie schließlich
ganz mit dem Unterricht aufhörte.

Patrick machte Schluß mit dem Klavierunterricht, nachdem
er mit drei Lehrkräften der örtlichen Musikschule Erfahrungen
gesammelt hatte. Die erste, Miss Linda, war jung und attraktiv
und gab Belohnungen für fleißiges Üben. Patrick fand sie großartig, aber seine Eltern waren von den Übungen und den farblosen
Liedern nicht begeistert. Schließlich kündigte Miss Linda an, sie
werde einen Monat weg sein und die Inhaberin der Musikschule
werde sie vertreten. Was für ein Unterschied – Mrs. Peters war
eine kompetente und begeisterte Lehrerin mit großer Erfahrung.
Sie liebte die Musik und sie mochte Patrick gern. Sie förderte sein
Talent, anstatt ihn mit Belohnungen und Geschwätz zu über-
schütten. Als Patrick ihr sagte, er interessiere sich für einen anderen Musikstil und habe ein Lied geschrieben, war Mrs. Peters
sofort bereit, den Unterricht umzustellen. Sie brachte ihm weiterhin die Grundlagen und den Fingersatz bei und natürlich mußte
er weiter fleißig üben, aber die Musikstunde hatte eine neue Qualität gewonnen. Die vier Wochen gingen schnell vorüber. Margaret erinnert sich, wie die Klänge des Klaviers aus dem Wohnzimmer auf die Veranda drangen. Eine Zeitlang liebte Patrick das Klavier.

Als Miss Linda wiederkam, kehrte Patrick zum Routineunter-
richt zurück; er mochte die Lehrerin und machte Fortschritte.
Aber Lew und Margaret waren der Meinung, er werde nicht genug
gefordert. Mrs. Peters konnte keine weiteren Schüler annehmen,

und so wurde Mr. Roberts sein Lehrer. Der Unterricht machte mehr Spaß, und er suchte für Patrick eine Menge guter Songs aus, darunter ein Stück im Stil von Scott Joplin. Aber er verlangte zuviel. Patrick weigerte sich, weiter zu den Klavierstunden zu gehen. Margaret und Lew machten sich (zu spät) klar, daß es nicht nötig gewesen wäre, ganz mit dem Unterricht aufzuhören (worauf es schließlich hinauslief). Die glücklichen Zeiten hätten wiederkommen können. Sie dachten noch oft über die Angelegenheit nach und erkannten, wieviel vom Lehrer abhängt. Es wäre wichtig gewesen, die geeignete Person zu finden.

Patrick war gern zu Miss Linda gegangen, obwohl ihr Unterricht nicht gerade inspirierend war. Er hatte etwas gelernt und war vorwärtsgekommen. Sie hätten ihn bei Mrs. Peters auf die Warteliste setzen und in der Zwischenzeit bei Miss Linda bleiben lassen sollen. Wenn sie nur zugehört hätten! Patrick hatte ihnen in Worten und mit seiner Musik viel gesagt. Wenn sie es besser verstanden hätten, mit Patrick zu reden, hätte er vielleicht mit dem Unterricht weitergemacht und ein Talent entwickelt, das offenbar in ihm steckte.

Bewahren Sie Ihre Selbstachtung,
indem Sie andere achten.

73. Kapitel

Es gibt auch einen Sieg ohne Wettkampf

Erziehung ist kein Wettrennen. Es gibt keine Trophäen zu gewinnen außer der Befriedigung, schließlich ein verantwortungsbewußtes und tüchtiges Kind herangezogen zu haben. Es gewinnt nicht unbedingt das schnellste Kind, und auch nicht das klügste.

Wenn Sie mit sich selbst im reinen sind, werden sie auch mit der Elternrolle besser zurechtkommen. Sie werden lockerer, wenn Sie Unterstützung bekommen. Eltern können sich gegenseitig helfen, indem sie miteinander reden.

Mapita hat in all den Jahren als Lehrerin und Mutter Hunderte von Kindern gut kennengelernt. Und obwohl andere Eltern ihr immer wieder zu ihren Söhnen gratulieren, weiß sie, daß Erziehung jeden Tag aufs neue ein Abenteuer ist. Die Erfolge der einen Woche können schnell verblassen neben den Katastrophen der nächsten. Sie hat viel Einfühlungsvermögen entwickelt. Sie leitet sogar einen Workshop für Eltern in der Umgebung ihrer Schule. Alle Eltern schienen mit der Frage zu kämpfen, wie man Kinder dazu bringen könnte, zu gehorchen und das »Richtige« zu tun. Und die spanischsprachigen Eltern fühlten sich mit dem ungewohnten Schulsystem unwohl.

Im ersten Jahr, in dem Mapita die Workshops leitete, nahmen einundsiebzig Eltern regelmäßig teil, einundvierzig Mütter und dreißig Väter. Es gab Kurse auf englisch und auf spanisch, untertags oder abends. Die spanischen Gruppen waren doppelt so groß wie die englischsprachigen. Eine amerikanische Mutter vermutete als Grund: »Wir Amerikaner glauben, wir wüßten schon alles.«

Die Sitzungen hatten unterschiedliche Themen, zum Beispiel: Wie informiert man sich über das Programm der Schule? Wie spricht man mit Lehrern und stellt sinnvolle Fragen? Wie beurteilt man die Qualität einer Schule? Andere Themen hatten mit dem häuslichen Leben zu tun. Da ging es darum, wie die Familie mit der Schule zusammenarbeiten kann, um auf der Basis gemeinsamer Prinzipien richtiges Verhalten, gutes Benehmen, ethische Grundsätze und Selbstachtung bei den Schülern zu fördern. Die Eltern wurden über alles aufgeklärt, von Umarmungen bis zu Kopfläusen.

Amerikanische und hispanische Eltern interessierten sich für völlig unterschiedliche Dinge. Die Fragen der englischsprachigen Eltern bezogen sich hauptsächlich auf den Umgang mit Lehrern und Verwaltungspersonal der Schule. Sie wußten nicht, wer jeweils zuständig war, fühlten sich überdies in der Schule unbehaglich und hatten das Gefühl, nicht willkommen zu sein. Im Workshop lernten sie, wie man den Lehrer um ein Gespräch bittet, und daß es manchmal nötig ist, den Schulleiter beizuziehen, wenn man vom Klassenleiter keine befriedigende Auskunft bekommt.

Die spanischsprachigen Eltern fragten vor allem, wie sie ihre älteren Kinder zu Hause behandeln sollten. Sie merkten, daß es schwieriger wurde, mit den Zwölf- und Dreizehnjährigen fertigzuwerden. Das Gefühl, ihre Kinder langsam zu verlieren, bekümmerte sie. Im Workshop lernten sie zu ihrer Beruhigung, daß Kinder zwar eigene Persönlichkeiten haben, aber doch bestimmte Phasen durchlaufen, genau wie alle anderen.

Wagen Sie es, feige zu sein.

74. Kapitel

Hören Sie auf Ihre Instinkte

Kluge Eltern sind immer bereit, das zu tun, was ihnen natürlich erscheint, und in Frage zu stellen, was ihnen falsch vorkommt. Wenn sie eine schöne Kindheit hatten, dann wissen sie, daß sie sich auf ihren elterlichen Instinkt verlassen können. Sie sind neuen Trends gegenüber zurückhaltend. Sie beachten die Gesetze der Natur. Sie fürchten sich nicht vor dem Tadel der Allgemeinheit oder der Obrigkeit. Entfaltung und Erfolg stellen sich ein, wenn die Prinzipien der Eltern mit den Gesetzen der Natur in Einklang stehen.

Hören Sie auf Ihr Herz, wenn Sie nicht wissen, was zu tun ist.

Kate arbeitete als Erzieherin in einem Kindergarten und Carl auf einer Großbaustelle, als ihr zweites Kind geboren wurde. Die ersten Jahre war Corey bei der Großmutter, wenn seine Eltern arbeiteten. Aber als das Schulalter näherrückte, entschieden seine Eltern, daß ihm der Umgang mit anderen Kindern guttäte. Wohin Corey gehen sollte, war schnell entschieden, denn Kate und Carl fuhren jeden Tag auf dem Weg zur Arbeit an einer Kindertagesstätte vorbei, die nur einen Häuserblock von ihrem Haus weg war.

Sie war in einem schönen alten Haus untergebracht. Eine eigene Zufahrt mit einem Portikus sorgte dafür, daß man die Kinder sicher absetzen und wieder abholen konnte. Im Rasen vor dem Haus standen meterhohe bunte Märchenfiguren. In dem abgeschlossenen Garten hinter dem Haus gab es eine Menge Spielgeräte für die Kinder: Schaukeln, Turnstangen und kleine Trampoline. Darunter lagen weiche Gummimatten, die jeden Sturz abfingen. Alles in dieser Einrichtung war gepflegt und sauber. Auch die Nachbarn hatten nur das beste über diese Tagesstätte gehört, sie sei ganz besonders sicher, sauber und gut geführt. Die Zeitungsanzeigen verkündeten, »Märchenland« biete erstklassige Betreuung zu fairen Preisen. Carl und Kate beschlossen, den Versuch zu wagen, allerdings erst im Sommer, weil Kate dann mehrere Wochen frei haben würde. Corey würde drei Tage in der Woche den Kindergarten besuchen, während sie zu Hause verschiedene Dinge erledigte, die während des hektischen Schuljahrs liegengeblieben waren. So würde Corey sich allmählich an die neue Umgebung gewöhnen können. Die Einschreibung war einfach. Carl und Kate füllten die Formulare aus, beantworteten die Fragen zu Coreys Gesundheit und gaben die Telefonnummern an, die im Notfall angerufen werden sollten. Corey durfte weiterhin Windeln tragen.

An seinem ersten Tag im »Märchenland« brachte Corey seine eigene Decke für den Mittagsschlaf mit. Die Eltern versicherten ihm, er werde einen schönen Tag haben, und fuhren schnell fort. Als Kate am Abend kam, um ihren Sohn abzuholen, lächelte er, und die Leiterin sagte, alles sei gut gegangen. Am nächsten Tag aber wollte Corey nicht mehr hingehen. Kate nahm an, er wäre lieber bei ihr geblieben, nachdem sie doch Sommerferien hatte. Sie wußte aber auch, daß er darüber hinwegkommen würde, sobald er von den anderen Kindern und vom Programm in Anspruch genommen war. Also fuhren sie.

Aber Corey benahm sich jeden Morgen wieder so. Er weigerte sich zwar nicht zu gehen, aber seine fröhliche Morgenlaune war dahin. Irgend etwas stimmte nicht, aber Kate wußte nicht, was es war. Die zweite Woche begann. Carl und Kate fragten, ob ein anderes Kind gemein zu ihm sei, oder ob ihm irgend etwas im Kindergarten angst mache. Nein, es gebe keine Probleme. Am Ende der zweiten Woche beschloß Kate, ins »Märchenland« mitzugehen und einige Zeit bei Corey zu bleiben, anstatt ihn nur dort abzusetzen. Als sie eintraten, sahen sie einige Kinder, die ruhig spielten, und die Leiterin sagte: »Corey, komm rein und leg deine Sachen in dein Kästchen. Guten Morgen, Mrs. Flanagan. Was kann ich für Sie tun?« Alle waren höflich, alles war in Ordnung. Aber das war es auch schon. Es gab keinen herzlichen Empfang. Es gab kein: »Bist du aber hübsch angezogen« oder »Heute haben wir ganz was Schönes vor.« Die Leiterin gab Corey nicht das Gefühl, etwas Besonderes zu sein, und Kate auch nicht. Was im »Märchenland« mit den Kindern gespielt wurde, war alles sehr passend für kleine Kinder; man achtete darauf, daß die Kinder bekamen, was sie brauchten: saubere Kleidung, gesunde Nahrung. Aber irgendwie gefiel ihr die Atmosphäre nicht. Es herrschte ein förmlicher, steriler Ton.

Zwei Wochen lang ging Corey noch ins »Märchenland«. Aber Kate beschäftigte sich nicht mit Stöbern und Aufräumen, wie sie es vorgehabt hatte. Statt dessen war sie auf der Suche nach einer Tagesbetreuung, die Corey gefallen würde. Nichts Besonderes. Prächtige Figuren im Vorgarten waren nicht nötig. Die Spielsachen mußten nicht die teuersten sein. Aber Anerkennung und Liebe, freundliche Worte und Fürsorge mußte es geben. Und schon nach knapp einer Woche hatte sie Roberta gefunden. Roberta betreute Kinder in ihrem umgebauten Haus, das direkt an der Straße lag, auf der Kate jeden Morgen zur Arbeit fuhr. Dort verbrachte Corey alle Wochentage der nächsten vier Jahre. Roberta sorgte für die bestmögliche Betreuung, sie rechtfertigte das Vertrauen von Carl und Kate voll und ganz.

Wenn Kate an diesen Sommer zurückdenkt, tut sie es mit Erleichterung. Was wäre wohl passiert, wenn sie Corey im »Mär-

chenland« gelassen hätten? Kate ist froh, daß sie damals ihrem
Gefühl gefolgt ist.

*Bilden Sie sich ihre eigene Meinung, und handeln
Sie danach, auch wenn es Mut erfordert.*

75. Kapitel

Bemühen Sie sich nicht zu sehr

Kluge Eltern hüten sich, zu stark ins Leben ihrer Kinder einzugreifen. Sie machen behutsam Vorschläge und erlauben den heranwachsenden Kindern, immer mehr Entscheidungen selbst zu treffen. Wenn Eltern ihre Kinder zu übermäßig vielen Aktivitäten drängen, kann das für alle schlimme Folgen haben. Das Ergebnis ihrer Betriebsamkeit sind vielleicht nicht lebendige, interessierte und harmonische Persönlichkeiten, sondern gleichgültige, gestreßte und unzufriedene Menschen. Manche Eltern können es außerdem gar nicht erwarten, daß ihre Kinder älter werden; sie putzen sie heraus wie Erwachsene. Das führt zu nichts Gutem. Im Tao lernen die Eltern, sich darüber zu freuen, daß Kinder Kinder sind.

Lassen Sie den Kindern Zeit zum Nachdenken, tragen Sie vernünftige Entscheidungen mit und bleiben Sie gelassen.

Als Patrick ins Teenageralter kam, waren alle überzeugt, er werde weiterhin Basketball spielen und der Schulmannschaft beitreten, denn er war groß und hatte Talent. Patrick selbst sah das anders. Er machte ein Probetraining mit und stellte fest, daß der Coach ein Schleifer war. Es herrschte militärischer Drill und lautes Kommandogeschrei, und man mußte seine Bahnen mit erhobenen Händen laufen. In den Augen des Trainers tat diese Art von Disziplin den jungen Männern gut. Patrick empfand sie als pure Barbarei. Wenn das den anderen Jungen gefiel, bitte sehr. Er seinerseits hatte keinen Bedarf.

Die Zeit verging, und Lew und Margaret machten öfters den Vorschlag, er solle sich an verschiedenen Freizeitaktivitäten beteiligen. Sie priesen die Vorteile dieses Kurses und jenes Sommercamps, und wieviel Spaß es mache, an Schulveranstaltungen, Sportwettkämpfen und Tanzabenden teilzunehmen. Die Antwort lautete fast immer Nein. Oft bat Patrick seine Eltern, sich an ihre eigene Jugend zu erinnern. »Als ihr jung wart, habt ihr das alles auch nicht tun müssen. Nach der Schule sollte man seine Ruhe haben und spielen dürfen.« Er erklärte ihnen, daß er gern am Wochenende mit seinen Freunden etwas unternahm, wenn die Hausaufgaben erledigt waren. »Macht euch meinetwegen bloß keine Sorgen. Ich bin gern zu Hause. Ich zeichne gern. Die Videospiele werden mein Gehirn schon nicht aufweichen. Ich will auch mal in Ruhe lesen.«

Patrick hetzte nicht wie viele seiner Freunde nach der Schule von einer Veranstaltung zur andern. Einen Nachmittag in der Woche nahm er Zeichen- und Malunterricht, und er schloß sich einem Club an, der sich einmal im Monat traf. Meistens ging er nach der Schule die drei Kilometer zu Fuß nach Hause, aß eine Kleinigkeit und tat dann, wozu er gerade Lust hatte. Er übte in der Garage Gewichtheben. Er trainierte Korbwürfe auf der Zufahrt. Er schaute sich eine Amateur-Talent-Show im mexikanischen Fernsehen an. Er machte Hausaufgaben für Spanisch, Chemie, Englisch und Mathe. Er spendete Geld für eine Organisation, die Kühe kaufte, um in Westafrika die Rinderzucht zu fördern. Und er saß stundenlang an seinem Schreibtisch, zeichnete Cartoons und übte sich immer wieder in Einzelheiten: Gesichtsausdrücken, Körperteilen, Stellungen und Perspektiven. Er bemalte sogar eine Stuhllehne mit einem riesigen Cartoon-Gesicht.

Margaret und Lew stellten fest, daß Patrick tatsächlich Bücher las, die sie zu Hause hatten, und zwar auch solche, an die sie sich erst im College herangetraut hatten. Seine Arme wurden stark und muskulös. Sein Spanisch machte Fortschritte; er mochte die Sprache wirklich gern. Seine Noten waren hervorragend, seine Cartoons wurden häufig in der Schulzeitung gedruckt. Patrick war durchaus aktiv, aber auf seine Weise.

Ehren Sie das Leben, indem Sie es ruhig angehen.

76. Kapitel

Wer flexibel ist, ist überlegen

Harte und spröde Dinge sind »Kameraden des Todes«. Biegsame und geschmeidige Dinge sind »Kameraden des Lebens«. Strenge fordert Widerstand heraus. In der Fähigkeit, sich zu biegen, liegt große Kraft. Kluge Eltern wissen, daß es einen großen Unterschied macht, ob man nachgeben muß oder ob man von vornherein keine genauen Anweisungen gibt. Wenn ein Kind eine schlechte Gewohnheit annimmt oder sich falsch benimmt, können die Eltern für Ablenkung sorgen, um das Kind wieder auf den richtigen Weg zu bringen. Bei kleinen Kindern kann ein interessantes Buch oder ein überraschender Anblick schon reichen. Bei älteren Kindern kann die Aussicht auf einen Ausflug, eine Überraschung oder ein Augenblick gemeinsamen Lachens eine kritische Situation abwenden oder entschärfen.

Seien Sie freundlich und flexibel im Umgang mit den Kindern. Denken Sie daran, daß jede Regel ihre Ausnahmen hat, und oft tragen gerade die Ausnahmen dazu bei, daß man etwas Neues lernt.

Ein Motto der Flanagans lautet: »Sag einfach ja«. Bei ihnen zu Hause sagt oft jemand: »Mach einfach mit.« Kate erinnert jeden in der Familie, daß Kindergärtnerinnen wahre Experten in Flexibilität sind. Ein Vater steht in der Tür und möchte über sein Kind reden, bevor er zur Arbeit fährt. Ein kleines Mädchen hat sich naß gemacht und schämt sich. Ein Junge hat sich erbrochen und fühlt sich nicht wohl. Ein paar Vögel schlüpfen aus ihren Eiern. Auf dem Teppich sitzt ein Marienkäfer. Jemand hat die

Milch auf dem Tisch verschüttet. Sollte sie sich da jedesmal aufregen?

Das heißt nicht, daß bei den Flanagans jeder Narrenfreiheit genießt und tun und lassen kann, was er will. Holly und Corey müssen zu bestimmten Zeiten zu Hause sein. In der Familie Flanagan sind die Abende unter der Woche für Schularbeiten da, nicht für Vergnügungen außer Haus. Die Zimmer müssen jeden Freitag saubergemacht werden. An den Wochenenden ist um halb eins in der Nacht Zapfenstreich.

Nach manchen Sportveranstaltungen kommt Corey früher heim, als er müßte, schon lang vor Mitternacht. Aber es gibt allerlei Ereignisse im Leben von Teenagern, und Kate und Carl hören aufmerksam zu, wenn die Kinder um eine Ausnahme bitten. Als Coreys Basketball-Team ein wichtiges Spiel gewann, kam er erst nach eins heim und wollte gleich wieder weg, um in einem Coffee-Shop, der die ganze Nacht geöffnet war, mit seinen Freunden weiterzufeiern. Er bekam die Erlaubnis. Als ein guter Freund eine Party veranstaltete, bat er Corey, nachher beim Aufräumen zu helfen. Er durfte bis in den frühen Morgen bleiben und saubermachen. Bei besonderen Anlässen wie der Schulabschlußfeier mußte man erst um drei Uhr zu Hause sein.

Das Leben ist weich und biegsam;
der Tod ist hart und steif.

77. Kapitel

Eine gute Leistung trägt die Belohnung in sich

Manche Eltern setzen Belohnungen aus, um ihre Kinder anzuspornen. Sie benutzen Geld und Geschenke als Bestechung und ihren Entzug als Strafe. Schließlich geht es in der Gesellschaft um sie herum auch immer um Trophäen, Medaillen, Urkunden und Geld. Das sind lauter äußerliche Mittel, um einen Menschen anzuspornen. Im Tao finden Eltern Wege, um die eigene, innere Motivation in ihren Kindern zu wecken. Demut gehört zum Weg, verteilen Sie die Anerkennung auf alle Menschen, die an einem Erfolg beteiligt waren.

Lernen Sie erkennen, welche Aktivitäten Ihren Kindern Freude machen und sie erfüllen. Machen Sie ihnen durch Bemerkungen und durch Ihr Interesse klar, wie erfreulich solche Dinge um ihrer selbst willen sind. Denken Sie daran, daß Angeberei von der erbrachten Leistung ablenkt.

Schon bevor er in die Schule kam, zeichnete Patrick gern. Er konnte eine Stunde oder länger am Küchentisch sitzen und ein Bild nach dem anderen malen. Margaret und Lew ließen sich gern die Geschichten zu den Bildern erzählen; sie waren immer sehr aufschlußreich. Schon in der Grundschule galt Patrick als Künstler. Seine Lehrerinnen waren sehr verständnisvoll, sie ließen ihn ins Schulheft zeichnen, wenn er seine Aufgaben erledigt hatte. Wenn er seine Werke zum Kunstwettbewerb der Schule einreichte, gewann er manchmal, aber nicht immer. Genausooft bekam ein anderer Schüler das blaue Band. Meistens sagte der Gewinner jedoch dann so etwas wie: »Aber der wirkliche Künstler hier ist Patrick.« Und das war es, was ihm wirklich wichtig war: ein Künstler zu sein.

Cynthia schrieb ihre ganze High-School-Zeit lang gute Aufsätze, aber sie bekam von ihrem Englischlehrer nie uneingeschränktes Lob. Deshalb freute sie sich sehr, als sie einen Aufsatzpreis in ihrem Schulbezirk gewann. Eine Jury aus verschiedenen High Schools zeichnete ihren Aufsatz als einen der sieben besten des Bezirks aus. Es war unverkennbar, daß sie gut und mit Engagement schrieb, wenn das Thema ihr am Herzen lag. Auch für Naturwissenschaften konnte sie sich begeistern; auch hier erbrachte sie gute Leistungen. Sie beteiligte sich mit Selbstvertrauen an den Schulwettbewerben. Sie selbst und auch ihre Eltern waren sehr befriedigt, als sie an ihrer Schule zwei Preise in Naturwissenschaften gewann und im selben Jahr auch noch den ersten Preis bei einem überregionalen Wettbewerb.

Diese Preise bedeuteten aber nicht, daß Cynthia nun Englisch oder Naturwissenschaften studieren sollte. Und nicht die Preise an sich waren wichtig, sondern die Tatsache, daß Cynthia sich mit Engagement und Interesse in eine Sache gestürzt und sie mit Hartnäckigkeit erfolgreich abgeschlossen hatte. Cynthia gewann zwar gern, wichtiger aber waren ihr die Musik und Experimente auf den verschiedenen Gebieten der Kunst.

Tüchtige Menschen brauchen keine Bestätigung.
Eine gute Leistung trägt ihren Lohn in sich.

78. Kapitel

Seien Sie weich und schwach und hart und stark

Kluge Eltern lernen, sich den Lebensumständen anzupassen. Sie müssen mit den verschiedenen Veränderungen unserer Zeit fertigwerden. Sie können ihre Kinder führen, indem sie sie selbst bleiben und den Kindern zeigen, wie sie in bestimmten Situationen reagieren, anstatt ihnen vorzuschreiben, was sie tun sollen.

Passen Sie sich an Sitten und Gebräuche der Gesellschaft an, aber bewahren Sie Ihre Individualität. Denken Sie daran: Die Entscheidungen Ihrer Kinder sind deren eigene Angelegenheit.

Dot weiß, wie wichtig Verständnis und Einfühlungsvermögen sind. Sie hat gemerkt: Wenn sie ihre eigene Schwäche zugibt, können auch die Kinder sich zu ihrer Schwäche bekennen. Man muß nicht perfekt sein. Zeigen Sie immer Ihre Zuneigung. Seien Sie konsequent mit jedem einzelnen Kind, aber Sie müssen nicht alle gleich behandeln. Und wenn Sie etwas sagen, bleiben Sie dabei.

Polly bekam im Herbst immer Geld für Kleidung. Es war vereinbart, daß die Summe für alle Anschaffungen bis zum Frühjahr reichen mußte. Einmal beschloß sie, ein Paar Stiefel zu kaufen. Es waren schöne Stiefel – so schön, daß sie ihr ganzes Geld kosteten, jeden einzelnen Cent. Polly ließ sich davon aber nicht abhalten. Für sie gab es keine Hindernisse. Sie schien ihre Entscheidungen mit Ruhe und Gelassenheit zu treffen. John und Dot hatten zwar große Lust, sie für ihre Extravaganz zu kritisieren, aber sie lobten nur die Schönheit der Stiefel, erwähnten ihren Wert und wußten, daß Polly ganz allein mit ihrer leeren Geldbörse zurechtkommen mußte.

Was den menschlichen Bereich betraf, so leistete sich Polly Autoritätspersonen gegenüber allerhand Dreistigkeiten, aber sie hatte ein Herz für Tiere. Einmal ging sie im Winter in eine Tierhandlung am Ort und kaufte zwei Hasen. »Beides Weibchen«, versicherte der Verkäufer. Aber bald bekamen die beiden Nachwuchs. Pat und Pam mußten in Pat und Pete umgetauft werden, und Polly machte sich Sorgen, weil die Hasenfamilie in dem kleinen Gehege im Garten nicht geschützt war. Sie wollte nicht, daß die Hasen während des Regens draußen blieben, also räumte sie ihr Zimmer um, so daß die Hasen neben ihrem Schrank in einem selbstgebauten »ausbruchsicheren« Gehege leben konnten.

Innerhalb eines einzigen Tages jedoch schafften es ihre Mitbewohner, den Zaun zu überwinden und es sich im ganzen Zimmer gemütlich zu machen. Am zweiten Tag drang der intensive Geruch von Hasenkot bereits durchs ganze Haus. John behauptet, er habe sich durchgesetzt, und er half Polly dabei, die Hasen wieder im Freien unterzubringen, diesmal jedoch in einem besseren Stall. Er wußte, daß ihr die Hasen wichtig waren; und für den Rest der Familie war es wichtig, zu sehen, wie nett Polly zu den Tieren war. John half ihr beim Bau einer neuen Unterkunft. Da gab es einen neuen Drahtzaun, einen Boden, wo der Kot durchfallen konnte, und sogar ein Dach, das den Regen ableitete. Alles war wieder gut.

Wer führen will, muß Verantwortung übernehmen.
Führen Sie mit fester, aber liebevoller Hand.

79. Kapitel

Achten Sie nicht auf die Fehler anderer

Kluge Eltern würdigen die Erfolge ihrer Kinder. Sie geben nicht anderen die Schuld, wenn sie oder ihre Kinder Probleme haben. Die Gründe liegen im Inneren. Kluge Eltern machen den Kindern keine Vorwürfe wegen ihrer Unwissenheit. Wenn sie lesen, was ihre Kinder geschrieben haben, oder beobachten, was sie tun, suchen solche Eltern immer Vorzüge, die sie loben können, oder Gedanken, die sie befürworten. Sie wissen, daß Kinder, genau wie Menschen aller anderen Altersstufen, auf Kritik ungünstig reagieren.

Versuchen Sie, die Kinder nie öffentlich schlechtzumachen. Lassen Sie die Kinder lernen, über sich selbst nachzudenken. Vertrauen Sie darauf, daß sie es merken, wenn sie etwas gut gemacht haben, und genauso, wenn sie etwas falsch gemacht haben.

Mapita ist eine ruhige und friedliebende Frau, deshalb machte sie sich lange Zeit Sorgen über den Lieblingssport ihrer Söhne. Ringen kam ihr so gefährlich vor. Sie schaute bei unzähligen Kämpfen zu, aber bei manchen besonders wichtigen blieb sie auch zu Hause, einfach, weil ihr allein das Zusehen weh tat. Dennoch nörgelte sie den Jungen gegenüber nicht über ihren »abscheulichen« Sport. Sie übte keine Kritik an ihren aggressiven Bewegungen und angsteinflößenden Griffen. Sie waren aggressiv, das stimmte. Sie wollten gefürchtete Gegner sein und Champions. Andererseits aber hatten sie viel Mitgefühl, und man wußte, daß sie nie jemandem bloß aus Gemeinheit weh taten.

An einen Kampf erinnert sich Mapita besonders gut. Samuel hatte für sein Team Wunder gewirkt. In einem Kampf, in dem er fünf Punkte vorne lag, hatte er einen Kopf- und Armwurf vollführt, als er bemerkte, daß er seinem Gegner die Luft abschnürte. Er hätte ihn weiter so halten können, denn es war regelgerecht, aber er legte sich eine andere Strategie zurecht. Er wechselte den Griff, um dem anderen Luft zu lassen. Schließlich gewann Samuel durch Schulterwurf. Nach dem Ende der Veranstaltung kam der Gegner von der Kelly High-School zu ihm und bedankte sich. Samuel sagt, er werde nie vergessen, wie der Junge dreinsah, als er sagte: »Danke, daß du mich nicht weiter gedrosselt hast.«

Aus ihrer Arbeit in den Elternkursen weiß Mapita, daß zwei Dinge vielen Eltern ganz besonders schwerfallen: sich bei ihrem Kind zu entschuldigen, wenn sie einen Fehler begangen haben, und ihr Kind für alles zu loben, was es gut gemacht hat.

Sich zu entschuldigen fällt manchem schwer. Eltern verfallen nur zu leicht in den Glauben, sie hätten recht, einfach weil sie die Eltern sind; und selbst, wenn sie sich entschuldigen wollen, finden sie nicht leicht die richtigen Worte. Mapita drückt sich ungefähr so aus: »Ich weiß, daß ich nicht allwissend bin. Ich mache nicht gern Fehler, aber es passiert mir trotzdem, wie den meisten Eltern.« Sie gibt sehr acht, nicht herumzunörgeln, und entschuldigt sich, wenn sie sich dabei ertappt.

Es ist nicht einfach, Kinder regelmäßig zu loben, aber Mapita tut es so oft wie möglich. Als Jacob einmal jemandem ein Werkzeug geliehen hatte, lobte sie ihn für seine Großzügigkeit. Sie erzählte den Jungen auch, daß sie nach einer Essenseinladung von mehreren Leuten gehört hatte, was ihre Söhne für angenehme Gäste seien. Es war eine zwanglose Veranstaltung, zu der Kinder mitgebracht werden durften. Trotzdem lief es darauf hinaus, daß die Zwillinge die einzigen Gäste unter dreißig waren. Sie saßen an verschiedenen Tischen, weit weg von ihrer Mutter und getrennt voneinander, und aßen sich durch das Barbecue. Viele Erwachsene kamen am nächsten Tag bei der Arbeit zu Mapita und schwärmten, wie nett man sich mit ihren Jungen unterhalten könne und was für ein Vergnügen es gewesen sei, sie kennenzulernen und mit ihnen zu plaudern.

Güte harmoniert mit Freundlichkeit.
Schieben Sie die Schuld nie auf jemand anderen.

80. Kapitel

Seien Sie zufrieden, und freuen Sie sich an Ihrem Heim

Kluge Eltern machen ihr Heim zu einem Ort, an dem man sich gern aufhält. Es braucht nichts Besonderes, um aus einem Haus ein Heim zu machen. Jedes Heim hat Betten und Tische und gemütliche Ecken. Heutzutage besitzen fast alle Familien einen Fernseher. Die Zahl der Einrichtungsgegenstände schwankt von Haus zu Haus, ebenso ihr materieller Wert. Eltern im Tao machen sich klar, daß andere Haushalte nicht unbedingt besser sind, sie sind nur anders. Ob ein Haus ein Heim ist, liegt vor allem daran, ob ein freundlicher Ton darin herrscht. Die Einrichtung spielt keine Rolle. Ein alter, billiger Couchtisch, der am Ende eines Tages ein Paar müde Füße auf sich ruhen läßt, ist einigen Familienmitgliedern bestimmt lieber als ein blitzendes Designerstück, das laut schreit: »Finger weg!«

Achten Sie darauf, daß Ihre Einrichtung praktisch ist, und lassen Sie zu, daß die Familie sich in ihrem Heim entfalten und zum Ausdruck bringen kann.

Dem Heim der Williams' sieht man es an, daß eine Familie darin lebt. Es ist nicht besonders gepflegt und ganz bestimmt nicht schick. Die meisten würden es wohl als praktisch und bequem bezeichnen. Margaret sagt gelegentlich, der Stil ihrer Einrichtung sei »frühe Heilsarmee«. Die Eßgruppe, die Sessel im Wohnzimmer, alle Stühle im Haus, die Schreibtische, die Lampen und viele Geräte in der Küche sind gebraucht gekauft, zum Teil in Läden der Heilsarmee. Obwohl manche uralt sind – zum Beispiel das Waffeleisen von 1948 –, tun sie ihren Dienst und sehen gut aus.

Zum Schmuck des Heims haben alle Familienmitglieder beigetragen. Im ganzen Haus hängen selbstgemalte Bilder, Fotos und Poster von den verschiedenen gemeinsamen Urlauben. Auch Familienfotos findet man überall. Margaret sammelt außerdem Statuen und geschnitzte Figuren und Vögel – aber natürlich keine teuren Sachen. Sie liebt Volkskunst, und sie hat die Web- und Holzarbeiten aus dem Werkunterricht der Kinder in ihre beiden Statuensammlungen integriert. Im Regal stehen auch die kleinen Eheleute aus Plastik, die die Torte zur Silberhochzeit ihrer Eltern gekrönt hatten. In den Zimmern der Kinder gibt es Pinnwände, wo sie ihre liebsten Andenken befestigen können. Die Familienpinnwand befindet sich im Wäscheraum, und sie ist voll mit Zeichnungen, interessanten Aussprüchen und Merkzetteln. Als weitere Pinnwand dient die Kühlschranktür, die beklebt ist mit Fotos, die Freunde oder Verwandte geschickt haben, mit Urkunden und Auszeichnungen, Comics aus der Zeitung und wichtigen Telefonnachrichten.

Kürzlich betrachtete Margaret die Couch aus dem Jahr 1970 und fand, daß der orange-grün-goldene Überzug ziemlich schäbig aussah, nachdem jahrelang Freunde der Kinder darauf übernachtet hatten, ständig Popcorn und Chips darauf verstreut worden waren und seit einem Jahr ihre neue Katze darauf ihren Platz hatte. Lew wies darauf hin, daß eine hübsche, neue Couch der üblichen Beanspruchung durch die Teenager nicht gewachsen wäre – sie müßten alle sehr vorsichtig werden und dem Möbel gegenüber ganz neue Manieren annehmen. Außerdem könnten sie sich eine neue gar nicht leisten. Etwas bedrückt durch die Schäbigkeit der Couch setzte sie sich hin und blätterte in einem Buch, das Cynthia ihr zu Weihnachten geschenkt hatte. Dieses Buch brachte ihr die Erleuchtung, denn es zeigte den neuen

Dekorationsstil, und alle Sofas hatten lose Überzüge. Sie wußte noch gut, daß es ihr keinen Spaß gemacht hatte, als sie vor Jahren Überzüge für zwei Bettsofas nähen mußte, aber sie wußte auch, wo sie für wenig Geld solche Überzüge wie in dem Buch kaufen konnte. Ihrer Meinung nach würde ein dunkler, schmutzunempfindlicher Stoff genau das Richtige sein.

Sie haben ein gemütliches Heim, vergessen Sie das nicht.
»Anders« heißt nicht »besser«.

81. Kapitel

Die Wahrheit ist nicht kompliziert, das Komplizierte ist nicht wahr. Je mehr man für andere tut, desto mehr gewinnt man

Zu einer klugen Erziehung braucht man nicht die gewählten Worte eines wissenschaftlichen Experten, sondern hauptsächlich viel geduldige Arbeit. Fügen Sie noch Vernunft, eine klare Sprache und einige ausgefallene Gedanken hinzu – und schon befinden Sie sich auf einem Pfad des Tao.

Auch sehr junge Kinder können schon entdecken, daß Geben Freude macht. Manche Kinder können es nur schwer ertragen, wenn andere mit ihren Sachen spielen. Man darf nicht verlangen, daß ein Kind alles mit anderen teilt; das wäre nicht klug. Aber Eltern können den Prozeß steuern und schon bevor die Freunde zum Spielen kommen, mit dem Kind besprechen, welche Spielsachen zur Verfügung gestellt werden sollen. Lieblingssachen, die leicht kaputtgehen können, sollten weggeräumt werden. Es ist für Kinder wichtig, zu sehen, daß Eltern und ältere Geschwister gern mit anderen teilen.

Lehren Sie Ihre Kinder, daß es Freude macht, anderen zu helfen. Aber verbringen Sie nicht zuviel Zeit mit der Hilfe für andere. Kinder sehen es nämlich nicht gern, wenn den Eltern vor lauter Hilfe für andere Leute zuwenig Zeit für die eigenen Kinder bleibt.

Direkt nach der High-School hatte Holly Gelegenheit, als Freiwillige für das Projekt »Habitat for Humanity« in Watts zu arbeiten. Sie tat Dienst bei den Sicherheitskräften, kontrollierte Taschen und notierte, wer das Gebäude betrat oder verließ. In ihren Universitätsjahren arbeitete sie freiwillig an einer Grundschule in einem Arbeiterviertel nahe der Uni. Einige Tage die Woche ging sie nach ihren Kursen in die Schule und betreute dort die Kleinsten. Sie las ihnen Bücher vor, spielte und übte das Lesen mit ihnen.

Corey engagierte sich in der High-School-Zeit für die Special Olympics. In seinem ersten Jahr betreute er einen Wettkämpfer, einen Siebzehnjährigen, der fast zwei Meter groß und ein Spitzenathlet war. Corey war befangen, weil sein Partner älter war als er, und versuchte, Gesprächsstoff zu finden, während er ihm in allem behilflich war. Bei den nächsten Special Olympics wurde Corey ein vierzigjähriger Mann zugewiesen. Corey war froh, daß er die Scheu davor, mit einem Älteren umzugehen, schon überwunden hatte.

Ehrenamtliche Arbeit hatte in der Familie Flanagan einen hohen Stellenwert. In der Abschiedsrede an der High-School, die Holly halten durfte, sprach sie voll Stolz über ihren Vater:

> Die Generation unserer Eltern glaubte, daß die Welt allen gemeinsam gehöre... In diesem Glauben wuchs mein Vater auf, umgeben von den Idealen seiner Zeit, während er seine eigenen entwickelte. Von seinen Eltern übernahm er einige Eigenschaften, die sie sich auf ihrem Lebensweg angeeignet hatten. Dazu gehörten Einfühlungsvermögen und Sinn für Humor. So begann sein ungewöhnlicher Weg, der ihn als neunzehnjährigen Jungen nach Vietnam führte.

Carl diente in den Sechzigern bei der Air Force in Vietnam; er hatte einen Schreibtischposten in Bien Hoa. Seine Tage vergingen mit Routinearbeiten, mit dem Ausfüllen von Bestellzetteln und ähnlichem Papierkram. An den Wochenenden fuhr er zum Waisenhaus am Stadtrand, um seine Zeit und Arbeitskraft sinnvoll anzuwenden. In dieser abgeschlossenen Anlage der katholischen Kirche hatte er ein Bett in einer Nissenhütte; er half dort bei allen möglichen Arbeiten, meistens beim Saubermachen, und führte kleinere Reparaturen aus. Vor den Mahlzeiten deckte er die Tische mit Blechtellern und Plastikbechern, und hernach half er beim Aufräumen. Dabei fiel ihm auf, daß selten etwas auf den Tellern übrigblieb. Wenn er kam, hielt er jedesmal am PX-Laden des amerikanischen Militärs, um Schokoriegel und Kaugummi für die Kinder zu kaufen und Zigaretten für die Nonnen und die anderen Erwachsenen.

Die Kinder freuten sich immer auf seine Besuche. Carl brachte ihnen nicht nur Süßigkeiten, sondern er spielte auch mit ihnen, scherzte und lachte mit ihnen und war ihr Kamerad. Die Spiele waren einfach. Weil sie sich wegen der verschiedenen Sprachen nicht verständigen konnten, spielten Carl und die Kinder Ball oder Fangen. Die Kleinen wurden gelegentlich »Wegwerfkinder« genannt. Es handelte sich um Mischlinge mit vietnamesischen Müttern; die Väter waren amerikanische Soldaten von sehr unterschiedlicher ethnischer Herkunft. Glücklicherweise gab es immer wieder Adoptionen. Carl und Kate unterhielten sich brieflich und telefonisch über ihre Absicht, eins der Kinder anzunehmen. Sie fanden die Idee wunderbar, und als ein kleines Mädchen zur Adoption freigegeben wurde, fingen sie an, die vielen Formulare auszufüllen, die man dafür brauchte.

In ihrer Vorfreude merkten sie nicht, daß sich bereits eine andere Familie um dasselbe Baby beworben hatte. In kurzer Zeit hatte das Kind bei dem anderen Paar neue Eltern gefunden.

Carl und Kate waren sehr enttäuscht. Aber Carls Dienstzeit beim Militär war bald um, und es dauerte nicht lang, da verkündete Kate, sie sei schwanger.

Geben bringt Erfüllung. Lassen Sie andere an Ihrem Lächeln teilhaben.

Epilog

Über den historischen und philosophischen Hintergrund des Taoismus

Der Philosoph Laotse, ein chinesischer Gelehrter, soll vor etwa zweieinhalbtausend Jahren, im Goldenen Zeitalter des alten China, am kaiserlichen Hof gelehrt haben. Man sagt, er sei der verwöhnten kaiserlichen Prinzen, die er unterrichten sollte, überdrüssig geworden. Sie interessierten sich mehr für Essen, Trinken und Sport als für die Worte der Weisheit. Er ritt auf einem Büffel (andere sagen, er fuhr auf einem Ochsenkarren) in ein Land jenseits der Grenzen des Reichs. An der Grenze bat ihn der Zöllner, sein Wissen schriftlich niederzulegen, bevor er in die Berge ginge. Und so soll Laotse in fünftausend Schriftzeichen die 81 Kapitel des *Tao-te-king* (Klassisches Buch vom Weg und seiner Kraft) niedergeschrieben haben. Er hinterließ damit ein Lehrbuch, aus dem die Menschen lernen können, wie man glücklich und weise wird. Traditionell wird das Buch als ganzes Laotse zugeschrieben, obwohl die moderne Forschung der Theorie zuneigt, daß es sich um eine Sammlung von Schriften und Aussprüchen verschiedener Personen aus verschiedenen Zeiten handelt, nicht um das Werk eines einzelnen.

Laotse und Konfuzius waren nur zwei unter Hunderten von wandernden Weisen jener Zeit, Gelehrten, die Prinzen und Herzöge unterrichteten. Vor ihnen existierten bereits die Philosophie des *Yin* und *Yang* und die Lehre des *Yijing* (Buch der Wandlungen). Sie beeinflußten das Denken dieser zwei großen Lehrer, die die Galionsfiguren des Taoismus und des Konfuzianismus wurden. In beiden Lehren repräsentieren *Yin* (die Erde) und *Yang* (der Himmel) die Beziehung zwischen dem wilden goldenen Drachen und dem glänzenden silbernen Drachen, das alte Konzept des wechselnden Einflusses von Dunkel und Hell, eines ständigen Wandels wie am Wolkenhimmel. Alle Dinge enthalten *Yin* und *Yang*; die Mischung ihrer Einflüsse bringt Harmonie.

Das *Tao-te-king* gibt konkrete Lebensanweisungen. Seine Philosophie verlangt nicht, daß man an bestimmte Gottheiten oder Propheten glaubt. Das *Tao* (der Weg) legt die Betonung auf Tugend und Weisheit; es strebt nicht nach Ruhm, Reichtum oder Status. Im Tao ist der Individualismus besonders ausgeprägt, aber ein weises Individuum ist bescheiden, schlicht und natürlich, ganz gewiß nicht egoistisch. Der Mensch soll selbstlos sein und keine persönlichen Ansprüche stellen. Mäßigung bedeutet, daß er die Leidenschaften überwindet, nicht unterdrückt. Unsterblichkeit erreicht der Mensch dadurch, daß er die Weisheit erwirbt, alles so zu nehmen, wie es kommt. Denn wenn der Mensch alles annimmt, vermeidet er, daß zwischen ihm und der Dingwelt eine Trennung entsteht.

Die Begriffe *Yin* und *Yang* und das *Yin/Yang*-Symbol verkörpern für uns das Tao. Alle Dinge, Ereignisse und Wesen sind wechselnde, verschiedenartige Verbindungen von *Yin* und *Yang*, immer in Bewegung, ohne Anfang und Ende.

In diesem Symbol sieht man sowohl die Einheit als auch die gegenseitige Abhängigkeit, denn *Yin* und *Yang* ziehen einander an wie Plus- und Minuspole von Magneten. Die Anziehungskraft wächst, wenn die Entfernung zwischen ihnen größer wird. Verständnis und Weisheit des *Yin* müssen sich mit der Energie des *Yang* im Gleichgewicht halten, damit sie zur Wirkung kommen.

Intuition muß sich mit Vernunft verbinden. Geduld muß sich mit fortschrittlicher Gesinnung verbinden. Güte muß sich mit Intelligenz verbinden. Immer ist *Yin* im *Yang* und *Yang* im *Yin*. Überdies sind *Yin* und *Yang* relativ; ein Ding kann in einem Kontext *Yin* sein und in einem anderen *Yang*.

Zum Taoismus gehört auch eine sehr hohe Wertschätzung der Natur. Taoistische Gedichte sprechen von der Nähe zur Natur und von den vielen Kontrasten, die sich in der Natur finden. Der Weg betont die Ruhe und die Abwesenheit von Zorn oder Gier. Tao verkörpert Demut, nicht Stolz; deswegen ist das Tal eine bessere Metapher für diese Philosophie als der Bergesgipfel. Im Tao gibt es auch Humor und Selbstironie. Weil der Taoismus Yoga, Philosophie, Folklore und Kunst einschließt, kann er in Dichtung und Malerei, Tanz und Musik ausgedrückt werden. Sein Einfluß war immer groß, und er ist ein Schlüssel zum Verständnis der chinesischen Geschichte, und zwar auf jedem Gebiet: in Religion, Verwaltung, Kunst und Medizin, ja sogar in der Küche. Die Lehrer des Taoismus sind nicht berühmt, aber das entspricht der Bescheidenheit, die untrennbar zu dieser Philosophie gehört. Die Jagd nach Gewinn und Ruhm gilt nicht als menschenwürdiges Streben.

Heutzutage gibt es mehr als achtzehntausend Auslegungen des *Tao-te-king* und zahlreiche Übersetzungen ins Deutsche. Obendrein haben im Lauf der Jahre Dutzende von Autoren die Philosophie des Tao auf verschiedene Aspekte des Lebens angewandt. Laotse schrieb sein Buch vor zweitausend Jahren als Reaktion auf die üblen Sitten, die er an den Höfen von China beobachtet hatte. Aber auch heute noch enthält sein Werk wichtige Botschaften für alle.

Danksagung

Zuallererst danke ich den in diesem Buch beschriebenen Familien. Ich werde nie vergessen, wie geduldig sie sich ausfragen ließen und wie gastlich sie mich aufnahmen. Sie treten in diesem Buch unter Pseudonymen auf, für mich aber sind sie als Menschen realer denn je. Für ihre Freundlichkeit und ihre Weisheit werde ich immer dankbar sein.

Art Fleming schulde ich Dank dafür, daß er mich ermutigt hat, dieses Buch zu schreiben. Er und seine Frau Rita sind mir wahre Freunde gewesen, als ich lernen mußte, mich in einem ganz neuen Gebiet zurechtzufinden: dem Schreiben eines Buches. Ich möchte auch dem verstorbenen Donald I. Fine für seine freundlichen und aufmunternden Worte danken.

Für berufliche und freundschaftliche Hilfe bin ich Carol Weinstein, Betty Thompson und Sylvia Maxson verpflichtet. Sie machten mir klar, daß dieses Buch ein wirkliches Bedürfnis befriedigt. Die Unterstützung und Ermutigung durch meine Schwester Joy Anderson und meine Freundin Irma Jayaweera werde ich nie vergessen. Sie sagten mir, ich könne schreiben. Dank an Pat Irot, Dixie Shaw, Peggy Hammer, Judy Sowell, Connie Bannon, Donna Padgett, Jean Marie Sohlden Fisher und Polly Gast dafür, daß sie sich für das Projekt begeistert haben. Dank an Pat Wegner, Gordon Nielsen und Maria Linder Nielsen sowie an Darlene Sellers, Terry Kristiansen, Fred und Ellen Lentz und Sharon Jackson für ihre Unterstützung. Sie gaben mir Selbstvertrauen. Und für ihre

Hilfe bei der Bearbeitung des Manuskripts, für ihr Verständnis und ihren moralischen Beistand danke ich Janet Vest, Christina Nagel, Paul Nagel und meiner tüchtigen Lektorin Jennifer Moore.

Und nun zu dir, Glenn: Ich kann dir gar nicht genug danken für deine Geduld, deine Unterstützung und deine Bereitschaft, auf manches zu verzichten. Man muß sich das vorstellen: monatelang keine Thunfisch-Kasserolle!

Phyllis Krystal
**Frei von Angst
und Ablehnung**
Lösen aus kollektiven
Bindungen
256 Seiten
TB 18004-5

Wie können wir unsere Angst vor anderen Menschen oder gesellschaftlichen Gruppierungen überwinden? Wie uns von Abhängigkeiten und Vorurteilen lösen, die uns im Umgang mit anderen einschränken? Wie schließlich unsere Kinder vor falschen Bindungen und Ängsten bewahren? Phyllis Krystal gibt in ihrem Buch Antwort auf all diese Fragen. Bereits in ihrem ersten Buch »Die inneren Fesseln sprengen« zeigte sie einen einfachen und effektiven Weg, durch Schulung der Imagination individuelle Schranken zu überwinden. Nun überträgt und erweitert sie ihre bewährte Methode auf kollektive Bindungen. Entfalten Sie Ihr Inneres mit Hilfe der inneren Visualisierung! Halten Sie sich an Ihr Selbst, an Ihr »Höheres Bewußtsein«. Dann werden Sie und Ihre Kinder zu einem selbstbestimmten Leben finden – frei von falschen kollektiven Bindungen.

Phyllis Krystal

**Die inneren
Fesseln sprengen**

Befreiung von falschen
Sicherheiten

256 Seiten

TB 18003-7

Schon von frühester Kindheit an prägen uns Ängste und psychische Abhängigkeiten. Sie hindern uns, das zu sein, was wir wirklich sind. In jahrzehntelanger Forschungsarbeit entwickelte Phyllis Krystal eine Methode, diese Blockaden zu erkennen. Sie lehrt in ihrem aufrüttelnden Buch, wie sie Ihre Imagination schulen können. Durch praxiserprobte, leicht nachvollziehbare Übungen wird es Ihnen möglich, die Bildsprache Ihrer Psyche zu entschlüsseln. Phyllis Krystal zeigt Ihnen außerdem, wie Sie aktiv mit Ihrem Unterbewußten kommunizieren können. Denn so wird es Ihnen gelingen, von falschen inneren Bindungen und Verhaltensmustern loszukommen. Finden Sie zurück zur inneren Quelle von Sicherheit und Weisheit! Sprengen Sie Ihre inneren Fesseln!

Anton Stangl
Das große Pendelbuch
Persönlichkeit, Gesundheit
und erfülltes Leben
Mit 84 Pendeltafeln
400 Seiten
TB 18002-9

Wir alle verfügen über ungeahnte Kräfte, die zu nutzen wir lediglich erlernen müssen. Eine entscheidende Hilfe dabei kann der Pendel sein. Er bietet uns wertvolle Unterstützung bei der Schärfung unserer Menschenkenntnis, bei gesundheitlichen Problemen und auch im alltäglichen Leben. Zudem kann er unsere Persönlichkeit stärken. Denn mit Okkultismus oder Scharlatanerie hat das Pendeln – trotz zahlreicher Vorurteile – nichts zu tun. Vielmehr verbergen sich hinter der Technik eindeutige Gesetzmäßigkeiten und uralte Menschheitserfahrung. Das große Pendelbuch des bekannten Psychologen Dr. Anton Stangl verrät Ihnen gut verständlich, wie auch Sie die Kraft des Pendels nutzen können. Mit 84 bewährten Pendeltafeln. Das Standardwerk endlich im Taschenbuch!

Merilyn Tunneshende

**Träume den Traum
des Schamanen**

Die wahre Geschichte einer
spirituellen Heilung in den
Tempeln der Maya

200 Seiten

TB 18006-1

Schon seit frühester Kindheit wird Merilyn von visionären Träumen begleitet. Sie ahnt, daß sie eine Mission zu erfüllen hat. Doch erst als ihr Freund stirbt, wagt sie den Aufbruch zum Ort ihrer Träume: den Tempelstädten der Maya. Inmitten der Ruinen von Palenque eröffnet sich ihr eine Welt zwischen Vision und Realität. Begleitet von einem Schamanen erfährt sie die mächtige Wirkung spiritueller Heilkräfte. Sie entdeckt auch an sich selbst die natürliche Gabe, Energien zu sehen und zu lenken. Doch muß sie den uralten Lehren der Schamanen gemäß erst den Tod gesehen haben, um andere heilen zu können. Voller Entsetzen stellt sie fest, daß sie selbst an einem tödlichen Virus leidet. Und sie weiß: Nur wenn ihr die Transformation in einen anderen Energiestatus gelingt, wird sie die Krankheit auf immer besiegen. Die faszinierende Geschichte einer körperlichen und spirituellen Heilung, erfüllt von schamanischem Wissen.

2.-